問津文庫

「十三五」國家重點圖書出版規劃項目
津沽笔记史料叢刊第三種
主編　王振良

天津縣鄉土志輯略

郭登浩　編

天津出版傳媒集團
天津古籍出版社

圖書在版編目(CIP)數據

天津縣鄉土志輯略 / 郭登浩編. -- 天津 : 天津古籍出版社, 2016.12

(津沽筆記史料叢刊 / 王振良主編)

ISBN 978-7-5528-0476-8

Ⅰ. ①天… Ⅱ. ①郭… Ⅲ. ①天津－地方志 Ⅳ. ①K292.1

中國版本圖書館 CIP 數據核字(2016)第 294655 號

天津縣鄉土志輯略

郭登浩編

出版人/ 張瑋

*

天津古籍出版社出版

(天津市西康路 35 號　郵政編碼:300051)

http:// www.tjabc.net

今晚報社印刷廠印刷

全國新華書店發行

開本 880×1230 毫米　1/32　印張 16.875　字數 235 千字

2016 年 12 月第 1 版　2016 年 12 月第 1 次印刷

ISBN 978-7-5528-0476-8

定　價: 98.00 圓

津沽筆記史料叢刊總序

陶慕寧

三津之地，舊稱直沽。地當九河津要，路通七省舟車。其域在漢屬渤海、漁陽二郡，隋屬河間、渤海二郡，唐爲瀛、滄二州地，宋金爲清、滄二州地，元因之。明建文初，燕王朱棣啟「靖難之役」，經三汊河口襲取滄州。越三載登基，遂敕名其地爲天津，喻「天子津渡」之意也。永樂二年，置天津三衛，屬河間府。清初設關，置總兵鎮守。雍正三年，改天津衛爲州，至九年陞府，領州一縣六。咸豐十年，天津開埠，漸成列強争逐貿易之洋場，今則巋然爲中國之直轄市矣。然則自建衛以迄於今，都六百餘年，考之地理河渠，其所以爲重鎮者實有二端：一則處畿輔要衝，海疆門户，此地不守，鼎湖危殆，故又稱之「津門」；二則處漕運樞紐，南接淮泗，北達通州，東吴之稻，長蘆之鹽，或經海路，或付漕舡，皆賴此地轉輸入京。元人王懋德《直沽詩》云「極目滄溟浸碧天，蓬萊樓閣遠相連。東吴轉海輸粳稻，一夕潮來集萬船」，即當日天津海漕之實録也。

金元以降，天津之隸屬、轄區雖屢更易，而魚鹽之利、商賈之繁、居人之雜、風俗之盛，固未嘗大變。明正統初，始建天津衛學，其後科舉漸興，膺進士之選者代不乏人。其早者，若汪來，嘉靖二十年進士，官至慶陽知府，撰有《北地紀》四卷；若張愚，嘉靖二十九年進士，仕至右副都御史；若劉燾，嘉靖三十八年進士，仕至兵部右侍郎、右都御史。又，隆慶五年一科會試，即有劉鈺、張佑、任天祚三人登第。是知其地不獨商貿繁衍，人文亦頗有可稱者。逮清季民國，政局傾頽，西潮澒洞，外人雲集。大賈居豪，舞長袖而吸金；失意政客，憑租界以窺勢。而承學之士、詞客報人，亦矍然蔚起，斥清廷之昏瞀，揭時政之危局。天津乃漸成消息之淵藪，政治之策源矣。

今之天津爲工業重鎮，襟帶華北，遠接大洋，經濟之繁榮，民生之富庶，殆亙古所未嘗有。而未來之前景，正未可限量。然一地一城之聲譽，非盡可以經濟之榮悴衡之，天津若欲立於中國城市之林，尚需發弘卓然獨特之文化。而欲發弘文化，則需爬梳董理相關之史料，若人文之聚散，古跡之存堙；若張氏遂閑堂，查氏水西莊；若梅樹君之梅花詩社，嚴範孫之城南詩社；若天妃宮之遞嬗，稽古寺之重修，大悲院之沿革，楊柳青之題詠；進而長蘆鹽場之種賣，銀魚鐵脚之烹炒；甚乃方言之特異，風俗之淳澆，皆有待詳爲稽考揭櫫於世者。而後激濁揚清，乃可發揚之，光大之。

王振良君，籍屬長白，早年肄業於南開大學，後就職今晚報社。其爲人謙退揖讓，有古君子風；爲學則鉤沉索隱，爬羅剔抉，有東原、實齋之致，兼高郵、嘉定之勤。十數年來，篤志於天津文獻之蒐集編訂，遍訪地方耆宿，覓求稀見古籍，焚膏繼晷，殫慮竭精，以羅致地方先賢著述、發煌沽上人文風俗爲使命。其所編訂之《問津》《天津記憶》，本已頗具規模。復又推出《問津文庫》，更自琳琅滿目。今文庫之《津沽筆記史料叢刊》又將付剞劂，屬余爲弁言。余何幸如之，草此數言爲振良君賀，亦爲天津歷史文化之彰宏賀。

甲午歲末於南開大學範孫樓

（陶慕寧，南開大學文學院教授，博士生導師）

前言

郭登浩

所謂鄉土，即鄉情故土。每一方鄉土，都具有獨特的地理環境和人文景觀，藴涵着尊天敬祖、講信修睦的倫理古風，承載着經濟、政治、民族、信仰以及風俗習慣，流播着許多英雄故事與美妙傳説。

中國人始終對生於斯、長於斯的鄉土懷有一種牽腸挂肚的眷戀之情，並深切感知認真發掘世代相傳的鄉土文化，可以起到助教化、正人心的社會作用，於是適應鄉土教育的衆多鄉土教材便相繼產生，並流傳至今。

一

天津社會科學院圖書館藏有一批天津鄉土教材，均爲民國時期（一九一二—一九四九年）編撰，涉及現行行政區劃的河西區、河東區、北辰區、東麗區、津南區、西青區和濱海新區的四十個村鎮，六十名公立和私立學校的教員參加撰寫，全部爲手抄本，累計五萬餘字。其内容簡介如次：

縣立第十九短期小學校李吉慶撰寫的《天津縣李家莊鄉土之述略》，介紹了李家莊的沿革、地勢與疆界、交通、物産、經濟、村民性格、村中娛樂等方面的情况，此文爲一九三七年七月撰寫，是這批鄉土教材中唯一標明寫作時間的作品。

天津縣立第十趙家莊短期小學校長張錫慶撰寫的鄉土教材没有標題，介紹了趙家莊的地勢、教育、宗教、廟會、特産等情况。

公立十三殷桂林、葛沽鎮小學校劉峻、葛沽鎮小學校閻鼎彝、公立十三小學校金永興、天津縣葛沽鎮小學校左中和、私立第十九志誠小學校張信一分别撰寫葛沽鎮概況、鄉土述略、鄉土拾零等，介紹了天津七十二沽之一的葛沽的境界、地勢、形勢、人口、交通、商業、特産、勝迹、宗教、教育、風俗、人物等情况。葛沽鎮交通便利，物産豐富，『稻米之優和小站稻米抗衡齊名』，俗有小江南之稱。

私立第十六章氏小學校孫慶瀾撰寫的《天津縣西鄉疙疸村之成因》介紹了疙疸村『獨有關帝廟一座，建築壯麗，津縣罕有，因貧窶人民漸集棲止，日積月累，遂成村落』。一九六九年取『破四舊、立四新』之意，改名爲四新村，因重名，一九八四年按其方位更名爲北四新莊。

公立第四十六小學校潘文魁撰寫的《鄉土地理》，介紹的是大覺庵村的地理、交通、物産、政教、歷史等情況。鮮花爲村中特産，『全市的鮮花差不多全出産在本村』。因村前有菜園，一九四九年更名爲前園村，隸屬西青區，位于紅橋區境内。

私立第八安氏學校戴桂年、天津縣公立第六十小學劉建章、楊柳青公立六十小學校龐德蔭、公立六十小學校郝威、天津縣公立六十小學校劉家琳、公六十一張廣鑾、天津縣公立第八十一小學校靳毓麟、公立六十學校王蔭槐、天津縣公立第五十小學校鄭愛德、公六十小學鄭樹湘、天津縣立第一小學校劉榮貴、公立五十楊肇敏、公立五十劉世瑁、天津縣公立第六十小學校郭維楨分别撰寫的楊柳青的鄉土材料、略述天津縣楊柳青鎮的鄉土概况等，介紹了楊柳青鎮的地理、交通、物産、經濟以及政教、慈善等情况，描述了當時楊柳青鎮的繁華景象，『鮮貨市在前街，爲鮮貨麕集之所，各小販均前往購買，故每當早晨，商人則擁擠不堪，熱鬧非常。菜市在後街，爲菜蔬總彙之地，魚市在後街西牌坊。菜市、魚市之貿易時間及情形與鮮貨市同。……估衣街在本鎮中心，各大商號均設于此，門面裝飾極力摹仿天津，各商號勾心斗角，争妍較勝，花樣時時翻新，晚間過此電燈輝煌，幾疑身在天津也。』

其他村鎮鄉土教材的主要內容包括：村鎮概況、交通情況、鄉土特産、鄉土經濟、鄉土地理、名勝古迹、鄉賢人物等。從中不難看出滄海桑田的變遷和城市發展的進程：有的村莊已經完全融入市區，成爲市區的一部分；有的介于鄉村與城市之間，成爲過渡時期的城中村；還有一些仍然以村莊或鄉鎮的狀態存在。

二

在天津社會科學院圖書館收藏的這批鄉土教材題目中，多次出現天津縣或天津市名稱。那麽，民國時期，天津縣與天津市如何劃分，其區域設置，又有哪些區别與變化？

根據《天津縣志》《天津志略》等史書記載，清宣統二年（一九一〇），天津縣劃分爲東、西、南、北、中五個大區，下設二十九個分區，另有四鄉八所和八國租界。其中，天津縣四鄉鄉界爲：

東鄉——以金鐘河爲界，分爲東鄉與北鄉；以海河爲界，分爲東鄉與南鄉。其區域在東圍墻外，界内有王厰、大畢莊、孫家莊、大直沽、潘新莊、桃園沽、泥窩、田家咀、鄭家莊、王四樓、歡坨、范家莊、貫兒莊、軍糧城等村。

西鄉——以子牙河爲界，分爲西鄉與北鄉；以衛津河、赤龍河爲界，分爲西鄉與南鄉，西與静海縣交界。其區域在西圍墻外，界内有大覺庵、楊家莊、大卞莊、小卞莊、曹家莊、大樑莊、小梁莊、周家莊、炒米店、王頂堤、李崔莊、紀家莊、鄧家坨、陳家村、捻坨咀、董家莊、稍直口、李家墳、姜家井、北斜村等村，還有名鎮楊柳青。

南鄉——以海河爲界，分爲南鄉與東鄉；以衛津河、赤龍河爲界，分爲南鄉與西鄉，西與静海縣交界，南與滄州接界。其區域在南圍墻外，界内有賀家口、土城、鑾子宫、四里沽、盤沽、糧台、鄧善沽、東西大沽、八里台、黑牛城、王蘭莊、邊家村、蘆北口、大韓莊、小孫莊、草堡、長港、蛤沙嶺等村，還包括白塘口、咸水沽、葛沽、雙港、灰堆、新農、新城七鎮。

北鄉——以金鐘河爲界，分爲北鄉與東鄉；以子牙河爲界，分爲北鄉與西鄉，西北與武清縣接壤，東與寶坻交界。其區域在北圍墻外，界内有徐家堡、赤家堡、安光、丁莊、龐家咀、西溝、馬家莊、二閻莊、大孫莊、小馬莊、韓盛莊、蘆新河、

桃花口七鎮。西堤頭、劉快莊、錢官房等村，還包括西沽、丁字沽、北倉、蒲口、旱溝、三河、

中華民國建立後，天津四鄉八所仍沿舊制。一九二八年，國民政府成立後，將天津定爲特別市，設置市政府，原四鄉歸屬天津縣，縣治設在咸水沽（今津南區）。一九三〇年六月，天津特別市改爲院轄市，隸屬於行政院。是年十一月，河北省政府由北平移至天津，天津又由院轄市改爲省轄市。

天津自一九二八年建爲特别市，至一九三三年市、縣劃界前，市、縣界限不是很清楚。一九三四年，開始市、縣劃界。是年一月，河北省政府委派市縣劃界委員會會同市、縣政府勘界。一九三六年九月，市、縣再度劃界，市區面積增加到一百四十七点八三平方千米。

一九三八年，天津區劃又作了調整。市區由六個區劃爲九個區，市界則東至萬新莊，東南至張達莊，南至津浦支線，西至舊圍墻大堤，北至華北水利委員會所築新堤，東北至大畢莊，面積（不包括租界）約爲二十一万一千八百八十一市畝。

一九四五年，天津市區重新劃爲十個區。一九四七年，將第七區劃出一部分，

增設第十一區。

從一九三六年至一九四八年，歷年發佈的天津市區面積數字不一。一九三六年，天津市區面積是一百四十七点八三平方千米；一九四八年，天津市區面積爲一百五十一点三四三平方千米。其數字的增加，不是區劃發生變動的結果，而是估算或測算方法不同出現的誤差。因此，這一時期天津的空間範圍，大體是一致的。

通過厘清天津縣、市設置，人們可以得知，天津社會科學院圖書館收藏的這批鄉土教材，其空間範圍，爲天津縣所轄東、西、南、北四鄉。

三

鄉土教材作爲鄉土文化的重要載體，流淌着千古相承的文化血脈，具有很高的歷史文化價值。其所記録的鄉村建築、民俗工藝、社會風俗、信仰生活等，真實地反映了當時鄉土文化的方方面面，成爲中國鄉土文化發展，鄉土社會變革的忠實記録者和見證者，對於保存當時鄉土社會的諸多信息發揮了重要作用。因此，積極開發、充分利用鄉土教材，『進行創造性轉化、創新性發展』（習近平總書記語），對於培養人們熱愛家鄉、熱愛國家的自覺意識，具有着極爲重要的當代意義。

鄉土教材大多是地方官員或文人士紳編撰，既反映了編撰者的思想，又凸顯了某個地方的特有風貌，這些特有的地域信息、獨特的編撰體例與形式，使鄉土教材成爲中國傳統文化寶藏中的珍品。

鄉土教材大多爲抄本、稿本，有的甚至是孤本，流傳範圍基本局限于本村、本鎮、本鄉，所以更顯得彌足珍貴，具有獨特的學術價值。

天津社會科學院圖書館成立於一九七九年，其前身爲一九五八年成立的原中國科學院河北省分院天津市歷史研究所圖書資料室。在五十多年的發展歷程中，經過幾代圖書館工作者的辛勤工作，收藏了大量珍貴的書籍與資料。其中，地方文獻是收藏特色之一。本次以《天津縣鄉土志輯略》爲名目結集出版的這批天津鄉土教材，均爲天津社會科學院圖書館收藏。爲保持原貌，采取影印方式面世，編者只是按照現行行政區劃進行編排，對一些没有題目的鄉土教材，根據其内容，添加了相應的標題。

在當今學術界，對民國時期天津地區鄉土教材的研究，還比較薄弱。如果本書的出版，能爲天津教育史、地方史等方面的學術研究，提供些許資料支持的話，那就是我們最大的願望了。

目録

津南區

北辰區

後記

濱海新區

河東區

河西區

東麗區

天津縣立第十趙家莊短期小學校長張錫慶

(一)本村地勢——接近寧河縣，距天津市中心區三十餘里，爲東鄉縣警察局第一分局所屬。村東十里許，爲津寧兩縣分界處賈家莊。村南爲津縣產米區排地。村西臨直通海河之金鐘河，本村飲料和灌溉全賴這條水道，但因河幅狹而水淺，所以水路交通很不方便。村北是南北荒草坨。本村和各村之間全有大道聯絡。

（二）本村教育——本村的教育，向來是不發達的。一般人們差不多沒有受過教育。在十年前，有一所很腐舊的鄉塾；但自老塾師死去之後，就沒有人來接管了。去年三月間縣政府推行義教，在本村設立一所短期小學，於是一般沒有念書的兒童，都得着求學的機會。至今已有一班學生畢業。又附設有民衆班，失學的成年人也得着機會讀書。因為短期小學的提倡，把一般人們提醒了；多數人感覺到不認字是痛苦的，所以他們對於子弟的求學，非常注意。

(三)本村宗教——本村人多信奉佛教，所信佛教又分三個支派，就是「天地門」「泰山門」「混元門」。「天地門」人數較多，其次為「泰山門」「混元門」僅佔一小部分。

當着夕陽西下，晚飯完畢的時候，這些信徒們很熱心的拿着樂器，聽從他們的師傅的指導，去誦經和奏樂。每一個都抱着恭敬誠懇的態度。他們信奉佛教的意志非常堅決；有時也受人邀請去誦經、超度亡魂，但是絕對不接受任何報酬。

(四)庙會——每年三月十五十六兩日，本村有庙會。實際上只不過是一種集會，因為俗多稱為庙會。

故沿用其名。每家領會的人—有病許願—，把他們的近門族人和親友請來，大家共同作會。會裡一切用費，由入會眾人平均負担；領會人只不過花一筆很少的錢。集會時非常熱鬧。又七月十五日俗謂為鬼節。本村有盂蘭會道場（即放燄口）。本地的迷信者（佛教忠實信徒），高搭蓆棚，念經兩日（十四十五兩日）。附近善男信女，多來進香。到晚上放放河燈——這是一種帶遊戲性質的有趣的舉動。

總之，廟會是一種兼有迷信與娛樂兩種性質的舉動。每年耗錢甚多，這也是由於鄉下缺之正當娛樂的緣故。

(五)特產——本村地性瘠薄，物產不豐，特產尤屬稀少。——大面瓜，俗稱老頭樂。這種瓜大的直徑約有四寸，在沒有熟的時候，瓜色青綠，非常硬，熟的時候，顏色由青變黃，瓜也漸漸綿軟。去皮後，入嘴即酥。具有一種特別的清香，吃是沒有甚麼味道，亦不甚甜；不過上年紀的人吃着很合適。顧名思義，「老頭樂」的名稱，當即肇於此。一般人舒牠當做陳設品，多在天津市及近郊銷售。

鄉土特產　公立第四十三小校　王醒生

排地香瓜　香瓜又名白脆瓜、七月上市、乃夏季消暑之食品、津俗每逢立秋之日、人皆食之、名曰咬秋、最佳者、以排地所產較為馳名、食之味甘而清脆、陳之几上、芬芳滿室、非他處所能及、原來排地在津縣府之東、與張貴莊接壤、土地肥沃、農產品很多而以

香瓜最為馳名、蓋亦地質使然也、

張貴莊的老人會

老人會的組織以百户成為一會十户中選會首一人、共選十人、辦理會務、遇有死亡、由會首等出面分向各户收國幣壹元、共得百元、交付死亡之户、以為葬埋之費、若再有死亡、其已領款之户、仍須繼續納款、此乃整取零付、亦調濟金融

之良法也、

農村諺語

七九不種麥、八九沒土蓋。

麥子剃了頭、高粮沒了牛。

小豆沒了鑵、一畝打一担。

九裏種蔴、伏裏拔。

要發家、棉花瓜。

公立第四十三小校　王醒生

五香冬菜

冬菜乃天津大宗出品、味香而稍辣、食之能去潮濕、南方人最為歡迎、傾銷廣東汕頭香港及南洋羣島各地、每年輸出估計、約值國幣六十餘萬元、營此業者、多為酒商、其製法、先將白菜切成小塊、晒於日中、晒乾後、置於缸中、數日後、取出、加蒜及鹽

拌匀配合時每菜乾十斤加蒜一斤鹽十二兩放於罈

內封固經二十餘日後方成冬菜

西青區

我的故鄉—楊柳青

私立第八安氏學校 戴桂年

位置：

在河北省天津縣舊縣城西距離三十里的地方。

地勢：

面積約六方里。東西最長。南北較短；南沿南運河、北有子牙河、

沿革：

定名「楊柳青」三字、其中有小小的一段歷史。

起初本鎮原名沽柳口，建設在明永樂年間，遷到這裏最早的要算周梁宋董四戶，後來清乾隆帝下江南的時候，路經此處，遠遠望去一片碧綠的楊柳，不覺信口讚道：楊柳青呀！土人就根據他這話，改稱今名，叫作御賜。

戶口：

居民約有三千戶，估計二萬八千九百多人，

可算得天津縣屬較大的鄉鎮、

交通：

水路有南運河、子牙河，陸路有津保、津白兩公路、和津浦鐵路、對於津情的交通、尤其便利的多、計火車每天往返共八次、汽船、帆船每天往返各一次、汽車隨時開行、不定時間、此外還有人力車、大車等、當冬季河水結冰、有一種冰牀坐在上面，非常有趣。

民性：

本鎮人的習性，恰合「勤」「儉」「耐」「勞」的原則，除少數人以耕為業外，多數都到外經商，最著的是到新疆貿易，（俗稱趕大營）現在新疆各地，握商業之大權者，都是本鎮人。

風俗：

從前民風「樸」「素」，現在因受津市風俗的燻染，

已趨於都市化了、女子大多數剪髮、燙髮、旗袍、高跟鞋、所差一點的、還沒有赤臂裸腿罷了、

宗教：

居民都信佛教、所以廟宇不少、雖有耶穌教堂的設立、但信徒無幾、至於天主教的信徒、全鎮只傳姓一人（因為在天津電車公司做

事的原故教堂早已關閉了、

物產：

農業、除各種食糧和棉花以外，還有柳條、那粗長的柳條、可以作柳杆；零碎的可以燒炭和做燃料；那細小的柳條、村人在農餘時候，編些筐、籃等，可惜沒有組織和技能，所以沒有多量的出品、

工業、有簡單的撈紙作不少，它的出品，不過

灰紙和本地毛頭二種、津市所用的這兩種紙、

多仰給本鎮、此外還有一種年畫、四遠馳名、

已有三百多年的歷史了、規模最大、成立最早的

商店、要算是齊健隆、戴美麗和戴廉增三號、

在從前銷路很廣、東至遼吉黑、北至察熱綏、

西至陝、甘、南至魯豫等省、可惜只知固守、不

教育：

加改良，近來又受了洋畫的排擠，和社會的不景氣，都相繼倒閉了，所存在的只有小規模的一二家。

文化尚稱發達，惟學校限於經費，所以不如津校的設備完善。學校計有縣立一校公立八校（內二校為完全小學）和私立四校，（內一校為完全小學，尚有未立案的紅卍字會小學和萬國道德會小學二校，至於私塾，仍在不少。

慈善機關：有紅卍字會、紅十字會、掩骨社、施醫局、卹嫠會，每到年終，還有新疆幫出資成立的冬賑會。

自治機關：有鎮公所、商會、農會和教育會。

公用設施：有郵政局、長途電話局、電燈公司、自流井公司和中西醫院等。

總起來說，我鄉的一切一切，都和津市相差不遠，所以有小天津之稱。

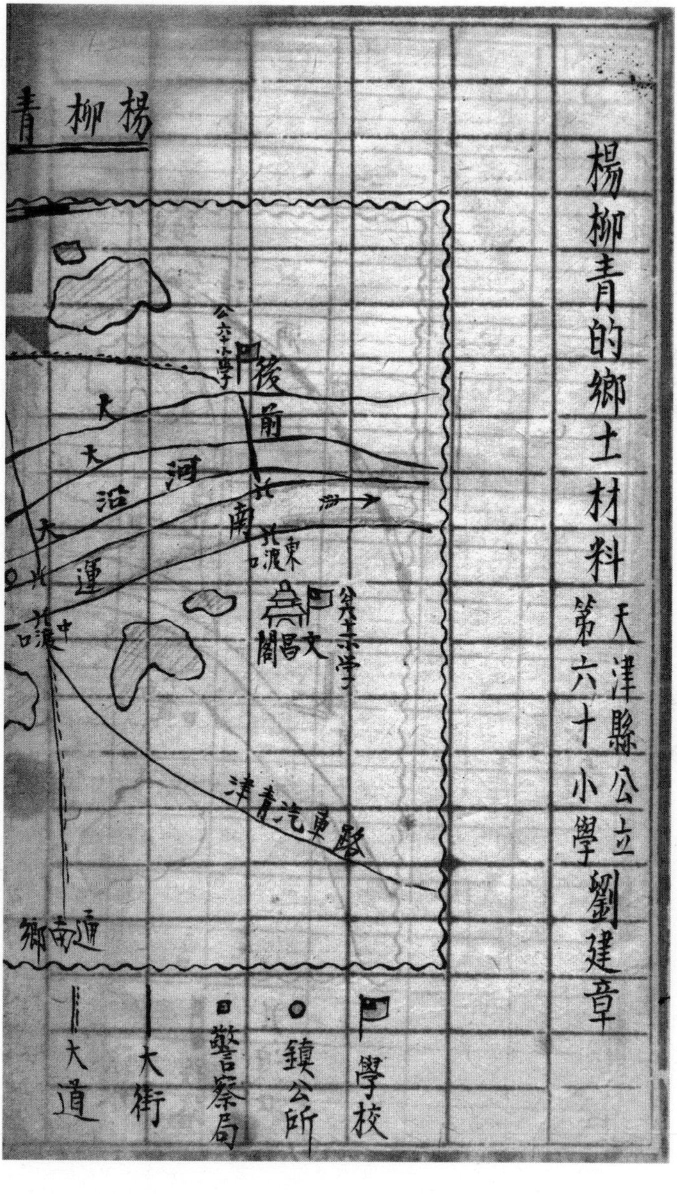
楊柳青的鄉土材料
天津縣公立第六十小學劉建章
楊柳青
後
前
河
南
文昌閣
津青汽車路
通南鄉
學校
鎮公所
警察局
大街
大道

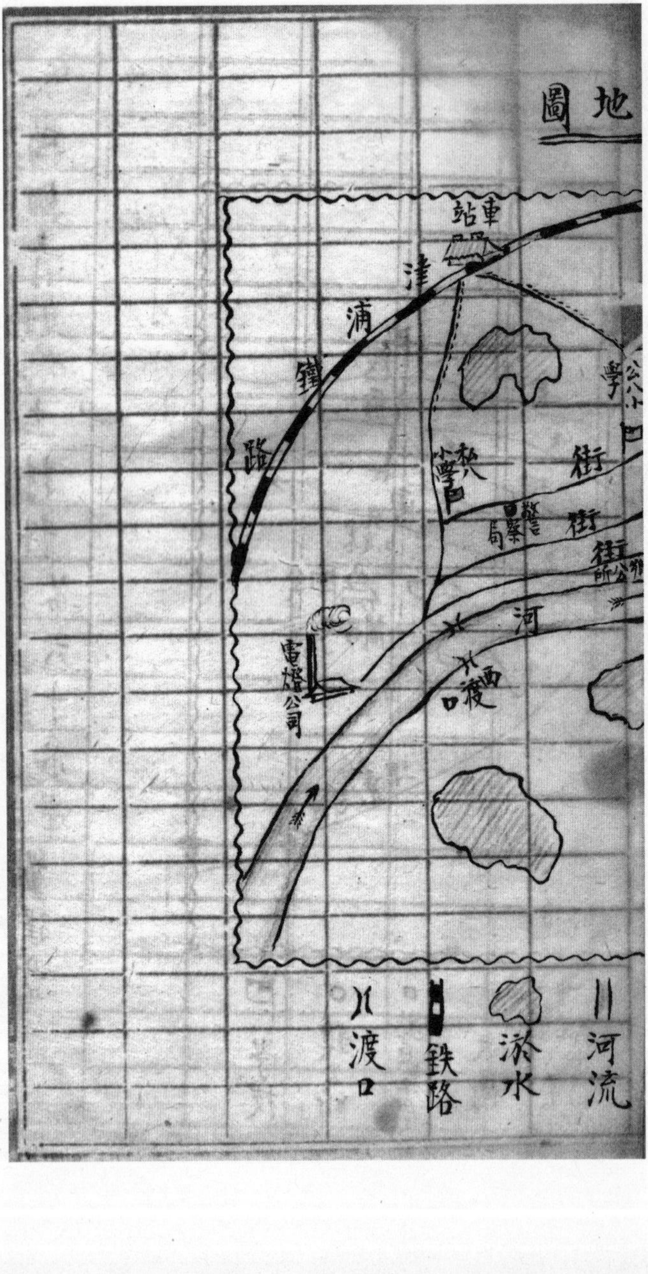
地圖
車站
津浦鐵路
街
警察局
河
西渡口
電燈公司
渡口
鐵路
淤水
河流

楊柳青之位置與形勢——楊柳青位於距津西約三十里之地方，西瞰靜海，北望武清，誠天津西方之門戶也。

面積和人口之統計——楊柳青長約三里許，寬約一里至半里。人口：約計三萬人。

歷史之沿革——楊柳青原名古柳口，清乾隆帝下江南時，路經此地，見遍地楊柳，青翠可愛，因顧劉傭曰：「此何處耶？」對曰：「古柳口也。」曰：「不如改稱楊柳青也。」由是賜成今名。

熱心維持地方的石元士——石元士，清代楊柳青之首户也，維持地方頗具熱心，當庚子拳匪作亂，聯軍攻破北京時，各國軍隊亦先後到達楊柳青，幸賴石元士殷勤招待，並供給一切食用物品，又以家藏古玩寶石等贈與各國武官，因此各國武官均張貼佈告以示保護，於是雖經多次外兵到來，地方並未受絲毫蹂躪云。

捐資興學的安文忠

安文忠氏於二十年前鑒於本鎮教育之不發達，及失學兒童之衆多，認為建立學校為第一急務，因獨捐資興學，築校舍於藥王廟內，每年撥經費千餘元，安氏私立第八小學，即安文忠氏之所創立者也。

商賈貿易地帶之分析——鮮貨市，在前街，為鮮貨屬集之所，各小販均前往購買，故每當早晨，商人則擁擠不堪，熱鬧非常。菜市在後街，為菜蔬總滙之地，魚市在後街西牌坊菜市、魚市之貿易時間及情形與鮮貨市同。糧食市為本地及外村糧食糴糶之處，但每逢「一、六集」方始集此交易。有由糧食行棧司斗者（所謂官斗）擔任量糧事宜。猪市在後街中心地帶，晝市在牌坊東，以上兩市，由每年臘月初一日起至三十日止，始行集此販猪賣畫。估衣街在本鎮中心，各大商號均設於此。門面裝飾，極力摹仿天津，各商號勾心鬥角，爭妍較勝，花樣時時翻新，晚間過此，電燈輝煌，幾疑身在天津也。每逢一、六集，各村布、鞋……小販均騎車負包來此，設攤賣貨，由八時至四時為最熱鬧時期。外村小販臨街叫賣，吃飯特不自由，甚至由家中帶來乾餅鹹菜等物者，羣立街心，且叫且食，亦云苦矣。

居民特性——居民頗富冒險性，進取性，往新疆謀生者，頗不乏人，途中飽受辛苦，成功回里者，亦屬不少，東三省及雲南，亦有楊柳青人之踪跡焉。

居民生活——晨五時農人出去耕田，六時工人起來做工，七時學生入校，商號開門留營業，一部分講衛生的人，到郊外呼吸新鮮空氣或散步跑步作各種運動。十一時午飯（農民例外）飯後，一般消閒階級人等到戲園觀劇[知識份子]，其不願外出者，即在家收聽天津電台播音或到民衆閱報處看報，六時晚餐此時電燈公司已開始輸送電流，經濟充裕的人家，即以大電收音機，收音自娛，各商號亦放出各種播音藉收廣告之效。農民勞苦終日，此時亦得立於商店門前欣賞，感覺十分快慰，興盡始散。晚十一時，睡下。農民較早，商人較晚。

風俗——大概耐勞儉樸。然雖富豪之家，亦能過貧民間的生活。然有一部分人，近於奢侈，想係距城市太近之故也。

教育現況——本鎮共有完全小學校六處，初級小學四校，短期小學三班，私塾十餘處，受教育之兒童約計千餘人。學校經費端賴地方款　縣款及學費以維持。短期小學班附設於小學內，惜因縣款太少，以致學識淵博的教師實難請到。本鎮居民已深感不識字的痛苦，多令其子女入短小者，短小學生雖然擁擠但修業一年後，而能畢業者，殊屬寥寥也。本鎮學校雖多，學生爲數亦不少，惟至今未能統一運用教學法，實屬缺憾耳。

慈善機關——紅卍字會內設有紅卍字小學，專收貧寒子弟，供給制服、書籍、文具。此外尚備有各種特效藥品，人民隨便取用。遇有災難時，紅卍字會成立難民收容所，收容難民，供給食宿。掩骨社——備有木柩，遇有死而不能殮葬者，則捨與之。遇郊外有乞丐屍體，則掩埋之。

救火會——當發生火警時，即由救火會服務人員（義務職）鳴鑼示衆，其他會員即時到會，扛機奔赴火場救撲、急公好義之精神，頗佳，均奮不顧身，救火機均有水龍帶，惜平日缺乏相當訓練，動作特不敏捷耳。

物產——農產物，以棉為大宗，菜蔬次之，瓜、蘿蔔又次之，果類絕無。又產木炭、磚。手工業，以柳條編籃及土筐者、織襪者為較多。

交通——陸路：有津浦鐵路、津青汽車路。水路：有子牙河南運河可謂四通八達也。

文昌閣——明崇禎七年建清咸豐十年重建用為秀才會考地方建築偉大莊嚴宏麗現改為公立第六十一小學校矣但該閣仍然巍然立日本軍隊每逢到此即攝影帶回不知有何用意焉。

宗教——奉佛者固多然信奉回教及耶穌者亦有

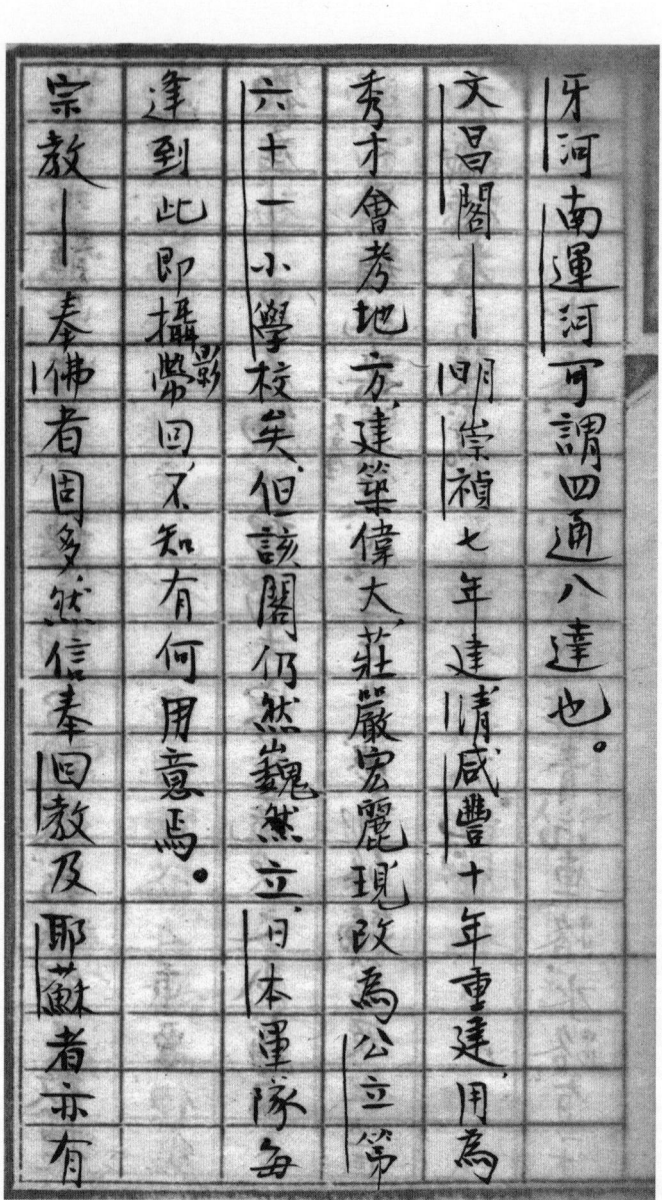

有之，本鎮有福音堂兩處，天天講道，聽講者不甚踴躍，然牧師之女性者，亦頗知家庭聯絡之重要，伊往往到聽眾家中歡談云。

種棉與貧民之關係——近來農民耕種之趨勢，均以種棉為前提，村外農田，可謂遍地皆棉，及收穫後摘棉花桃，擇去種子，買賣桃運〻〻、工作，諸多需人

於是村民之貧苦份子，均得有工作，非但飽餐終日，

且得工資，因而盜案之發生，久未聞也。

飛機聲裏寫鄉土

既是恨來（日本）又是忙（試卷）

鄉土材料

楊柳青公立六十小學校 龐德蔭

天津縣西約距三十里，有一鎮名曰楊柳青。茲遵天津縣講習會徵集鄉土材料之命。特將該處的地理、交通、物產、經濟、以及政教慈善等項的概況，分別敘述如下：

一、地理、交通——此鎮地長有三里許，大街三條，居民約七千戶，共人口三萬左右；北接武清縣所屬之地，西接靜海縣所屬之地，東南即是本縣境域。鎮的北面有子牙河和津浦鐵路，南面有南運河和汽車道；兩河的船隻，到這鎮來往做買賣的不少，大車站上和汽車站上，來往的旅客也很多，郵政局、通天津的電話局都有，實是一個水旱交通便利的地方。因佔這樣地勢的優點，所以雖是一個鄉鎮，而商鋪甚多，街中繁盛。但是路政不修，衛生不講，街道上覺着狹窄，沒有清潔的樣子，亦是一大缺點！

二、物產、經濟——農產物、如紅粮、玉米、豆子、穀子、棉花、大麻等類，每年產量不少，當着豐年，大秋完畢，各粮上市的時候，交易很多，街中異常的興盛，露出一種經濟富裕的氣象，社會快活的狀況；近来外國人收買棉花出口，價格提高，所以種棉花的很多，棉花工房，開設的不少，棉花收獲以後，天津洋行去人收買，成為一大宗買賣了。至於菜蔬類，日常所用的，如茄子、韮菜、葱、蒜、菠菜、豆莢、土豆、黄瓜、白菜、蘿蔔……等類，無不齊全，產量不但能供本鎮的吃用，還能運到天津銷售；其中更以蘿蔔、白菜兩種，質良馳名。惟一般農夫，對於種植上，墨守成法，不知科學作用，往往遇着害蟲的災，而不知預防治除，有了不生長的病，而不知調理，因此，經濟上受損失不少。這是關心農事者所應研究指導，則於鄉村生活，大有裨益哩！每個月的夏曆初一、十一、二十一、初六、十六、二十六，這些日子叫做集日。每逢到了一個集日，天津的各種商販，運貨到鎮銷售；四鄉的人，亦來鎮買賣東西，各商鋪甚為忙碌，大街上來往的人，擁擁擠擠，不亞於天津曉市，至下午三四點鐘，即行散集，此係鄉村生活的慣例，也是遺留的古風情況啊！

三、政教、慈善——地方上有天津縣第三區公安分所，又分派出所四處，約有警士四十餘名，平時僅能維持地方上的秩序，遇事時就感不敷分配。刻下因每月警餉不足，又有裁去半數的消息，如果實行，區區二十人，為能維持若大的地方。當青紗帳起，或冬防吃緊的時候，土匪出沒無常，就有顧此失彼的現象，關係地方治安，實非淺鮮，望當局顧慮到吧！有鎮公所，自從組織成立以来，不知對於地面上，和民衆們，謀些利益，毫無建樹可言，徒耗費欵項而已。有公立小學校七校，私立小學校四校，以外縣一小學校一校。以外又有萬國德道會女子小學校一校，紅萬字會小學校一校。公私立的各校，均因經費不充足，無有改進發展的樣子，這就是鄉村教育幼穉的因素。有道院紅萬字會，平日是本鎮紳商念佛修道的場所，每逢陰曆年關以前，即募款集資，賑濟貧民，遇有兵災的時候，收容民衆，供給飲食，實是慈善事業。有掩骨善社，每逢夏曆的初一、十五兩日，派人到野外拾露骨埋起來，如赤貧之家，死了人，該社捨給棺木。有施醫局，每日民衆到局治病的不少，但是該局組織、簡單，只有中醫二人，短少西醫，並且止是診脈開方，不給藥料，對於得病的貧民，經濟上沒有補救，亦是美中不足的一段善事啊！有水會十幾處，每逢不幸發生大災，不論冬天熱天，不論夜裏日間，也不分畛域，就聯合起來，協力同心的，一致奮勇去救，不亞於都市的消防隊，誠是社會的良好組織了。

楊柳青鎮

公立六十小学校 郝威

楊柳青位天津縣西，為一大鎮，自天津西門至該鎮凡二十餘里，自天津西站至該鎮約三十里。北境永清，西接靜海。南運河貫通該鎮，全鎮人口七萬左右，約五千户，佔居面積東西三里，南北一里。古名古柳口，相傳乾隆下江南時曾詢大臣劉鉐菴此地何名，劉石菴不知，乃佯稱楊柳青，概兩岸楊柳多故，相傳至今。現分述如下：

交通

該鎮交通可稱四通八達，津浦鐵路經過鎮北，為第一站，現有四等客車，僅費一角五分即可到達。尚有長途汽車，自天津北門至該鎮，票價四角，人力車因火車價減低，亦隨減價，自西北城角至該鎮，僅索價二、三角不等。除此尚有客船來往南運河中，自天津芥園登船票價一角，前次曾有航運局輪船航行，自天津至泊鎮，現因乘客減少，業已停止。最可慶幸者，去年自經冀察政委會令天津紳士李實忱先生用二十餘萬元疏通，不但居民不感水荒，並且便利耕種與航行。因往年每屆夏至，則河乾露底。

風俗：

該鎮婦女多迷信神仙，每逢廟會，則多趨往廟會燒香還愿，婚嫁多守舊法，除親友聯姻外，則多為媒妁之言，父母之命。近年以來，知識開通，婦女皆剪髮天足，入校讀書。相傳該鎮婦女多善繪畫，此係誤傳，出於一種民間唱本畫扇面中，概指該鎮南草秣店，至今尚產土畫，婦女繪畫想係訛傳。

職業與娛樂

該鎮男人多務商致富者多為商家，所謂八大家是也，其致富原因為清時左忠棠帶兵新疆，平回亂，隨趕營盤經商致富，現時以經雜貨糧麵銀號為最多。男人高尚者多作竹城戰，平民有閒階級多往三不管聽書，婦女除高尚者者外，多帮助家務或助理農事。

公共場所：

治安方面由三區警察局負責，地方事務由鎮公所辦理，該鎮防火會甚多，但多舊式，除此以外尚有藍卍字分會，施醫局，福音堂，婦嬰保健會，及私人所設之醫院，如文明醫院，復元醫院等。

出產

農產以蘿蔔，白菜為著名，以及各種雜糧，豆餅多銷東北，近已停滯，手工藝紙畫，祇有戴聯增一家，綢物，帶，毛刀紙，手紙，鞭砲等。最近二年來尚有青年實業家張印三先生創辦麗宏蜂場，晨園雞鴨場，頗著成效，大量出品多銷售津市。

名勝

該鎮有二百餘年之文昌閣，白灘寺，尚有關帝廟，三義廟，等每逢廟會日期非常熱鬧。尤其在舊曆正月十五，該鎮各大街巷懸燈結綵，各燈皆為通俗故事畫如說岳、三國志等，繪畫非常精細。

教育：

該鎮教育不甚發達，尤其社教機關毫無，小学完全者四處，初級者十餘處。

畧述天津縣楊柳青鎮的鄉土概況 天津縣公立六十小學校 劉家琳

一、楊柳青鎮的地理——位於河北省天津縣之西距津三十里西隣靜海南隔運河北近津浦鐵路復北行則至子牙河矣全鎮約長三里地面雖小但户口很多約有六千餘户之衆人口估計約二萬八千九百餘人

二、楊柳青鎮的歷史——楊柳青舊名古柳口，大清乾隆帝沿運河南巡至此，見兩岸柳色青青，因賜名為楊柳青。

三、楊柳青的交通——水陸交通都很便利。水路前有運河，後有子牙河。陸路有津浦路與汽車路，故運輸貨物也很便利。其他如郵政局、電話局、電報局

等設備俱全

四、楊柳青的物產——本地物產頗多茲述其特產如下：1.糖菓類：如梹榔膏、酥糖等可稱為青鎮特產品2.蔬菜類：如白菜、青蘿蔔、葫蘿蔔、水蘿蔔、等3.薪炭類：如柳枝炭4.藝術類：各地相傳楊柳青為出畫的所在地但此說不可確|清末時

青鎮很有幾處畫店售賣木板印刷之古畫然至今畫店僅有一二家在馬距青十四里有炒米店村彼處出畫很多每年居闕往彼處買畫者甚夥想定以此地相傳青鎮為出畫之地也

五、楊柳青的經濟—本地人民務農的很多約占全數百分之七十商業亦很茂盛但對於工廠之設

立很稀少矣

六、楊柳青的勝蹟　在運河南岸有文昌閣一座此閣之建築工程浩大閣分三層頗為壯麗但考其年代相傳為大明崇禎七年所建後因年久失修多處損壞曾於大清咸豐十年重建一次估計至今約三百餘年矣此閣可謂青鎮文士所造之大建築物也又距青六里許有李家樓村村中有李氏花園此園乃李善人所造其中有各種花草樹木、池、橋、亭閣等建築物此為私人建設之大園藝也

七、楊柳青的政教—本地有警察局、商會、稅卡、鹽務、以及各種牙稅局等機關、教育事業亦非常發達天津縣公立與私立之小學校有十餘處私塾學

館尚有十幾處現時本地又奉令組織聯鄉將全鎮分為十二連鄉每連鄉推選連鄉長一人管轄五百户又由每連鄉裏推選里長十人每里長管轄五十户再由每里裏推選鄰長十人每鄰長管轄五入户如此連結起來實行之將來此鎮定能得到莫大之利益

八、楊柳青的宗教——本地人民信仰佛教基督教次之而回教更次之因佛教盛行故廟宇之設立頗多如：藥王廟、三義廟、火神廟、真武廟、關帝廟、娘娘廟、白衣廟、大王廟、三官廟、經堂廟、佛爺廟、準提菴、紫竹菴、馬神廟、玉皇廟、柳仙堂、三佛堂、香塔會、土地祠、文昌閣、白塔寺、藍塔寺等皆是基督教堂

僅有兩處但回教會堂並無一處之設立焉

九、楊柳青的風俗——本地結婚仍按舊式古禮喪葬之事很有鄉村風味倘某家亡人孝子即刻身穿孝服大聲痛哭前有一人手托木盤內盛香、酒、紙錢、等物引導先行及至土地祠門前跪倒禱祭焚化香及紙錢等物本地人俗稱「報廟」及至死後三日

又有一種儀式乃是請僧道誦經夜晚即有許多
友誼親戚前來弔唁及至人數到齊同往廣場中
焚燒紙扎的牛、馬、車、轎等物本地人俗稱送路此
乃青鎮古有之風俗也
十、楊柳青的娛樂 一 二十餘年前地方安定收成豐
富每年到四月間藥王廟會之期常有十幾種技

術表演如：高蹺、鐔子、龍燈、中幡、武術、小車、旱船、等會舉行人民歡呼喝彩之聲實難盡述邇來本地人心不齊各懷私意不能團體合作對於公舉時起爭鬥又值近數年來收穫不佳農村破產本地當局又竭力禁止故至今已有十數年並未舉行矣戲園之設立現今已有二處亦可為民衆娛樂之所在

地也

十一、楊柳青的慈善與衛生事業—慈善事業有紅萬字會、益渡船隻、掩骨社、衛生事業很少僅有清潔道夫數人每日灑掃街道此項事務乃由警察局管理之

天津縣——楊柳青鎮　　公61張廣鑑

本鎮之沿革：楊柳青原名沽柳口，（天津縣市小學校鄉土教材中為古柳口）清乾隆南巡時，路經此地，見沿河兩岸，楊柳頗多，極為可愛，故御賜更名為楊柳青。

本鎮之地理：津西三十里有楊柳青鎮，（天津縣市小學校鄉土教材內為二十里不確）南運河橫貫鎮之南部，面積約八方里、東至天津三十里、西至靜海五十里、南至灶米店十二里、北至武清四十五里、人口按最近之統計、有二萬八千九百餘名（調查於天津縣第三區公安局）

本鎮之交通：鎮之中間、有南運河可通小汽船、及帆船、河南有津青長途汽車、再南則有津保汽車路、鎮北有津浦鐵路、為津浦車南行之第一站、再北

有津白汽車路及子牙河、交通極便、郵局為二等支
局、專辦匯兑、掛號、快信、包裹、輕便郵包、郵政儲金、代
收航空信件、代兑中央、中國、交通三銀行之法幣、代
售印花税票等、電報有津浦鐵路車站之電報房、
本鎮之經濟〻本地之居民、多為貧苦、雖有富紳
大賈、亦不過寥若晨星、商業因矩津漸(較)近、所以不甚

發達、工業愈趨衰落現象、約而言之、業農者佔百分之三十八、業商者百分之三十三、業工者百分之十五、業教育百分之一、其他百分之十三、以窮富而言之、可分富有、稍裕、貧寒、極窮、四個階級、富有者佔百分之三、稍裕者佔百分之二十、貧寒者佔百分之四十八、極窮者佔百分之二十九、

本鎮之古蹟〻天津市内有三寶、而楊柳青鎮亦
三寶、所謂戲樓、牌坊、文昌閣是也、戲樓、牌坊則不詳、
而文昌閣與相青鎮頗有關係、閣建於鎮之東南隅、
始建於明朝崇禎七年、至清朝咸豐十年、有本鎮各
大善士梁沛龍等重修、閣的建築、頗有藝術的價值、
因各地多有來此繪圖而模倣建築者、但結果多不

如此閣之威嚴、壯觀、美麗、閣為六角形、分上中下三層、四週環以院牆和房舍、上層為奎星、面貌猙獰、右手持筆、左手端斗、中層為文昌帝君、下層為朱衣（有云為朱熹夫子者其說不確）相傳彼等專司點狀元之職、各有各的責任、文昌檢查陰~~陰~~隲、後經朱衣之暗中許可、再經奎星之筆鋒一點、纔算成功為狀元郎、此乃父老之傳說、確否待證、於前清時曾設崇文書院、每逢月之初一十五二日、授課二次、如杜彤劉學謙等文人墨士、均集於此、可謂青鎮之文化發源地、今因年久失修、破壞不堪、幸有關心古蹟者、現正籌款修葺中、（公立第六小學校設閣內）

本鎮之教育〻鎮中有公立學校七處、計公八、公

五十、公六十、公六十一、公七十一、公八十一、公八十八、私立四處計、私八、私二十七、私三十七、私育德、國團體立二處計萬國道德會、和紅卍字會、縣立第一一處、共十四處、外有短期小學數處、學生約兩千餘名、此外尚有民塾、無法調查、以此觀之學校並不算少、但是據本鎮最近之調查、失學男女兒童還有二千數

百餘名、是以義務教育之實施、乃刻不容緩之事耳、

本鎮之宗教〻鎮中之居民、多信佛教和道教、所以廟宇有二十四處之多、信理教者、亦復不少、男理公所有五處、女理公所有二處、雖有天主教耶穌教教堂的設立、但信徒甚少、回教則屬於寥寥矣、

本鎮之慈善及衛生〻鎮中之居民、即約三萬之

之數、慈善事業是可不少的、如施醫局施種牛痘、及終年施醫、施藥、恤嫠會按月恤給嫠婦金錢與米麪、每至年終尚有旅新義賑會、按貧户之情形斟酌放賑、但貧者過多、賑款太少、盃水車薪、何濟於事、鎮中雖無消防隊之組織、但預防水會、尚屬不少、每遇火災報警、不分畛域、一致前往趕救、又有永濟衛生井泉公司之設、乃救濟歷年春沒夏初之時、運河乾涸、全鎮飲料無著之備、自去年運河疏濬成功後、今冬年則未感水荒之苦、此乃沿運河兩岸居民莫大之幸福也、

我的家鄉

天津縣公立第八十一小學校 靳毓麟

楊柳青人口衆多，務農者約佔十分之五六，所以農業發達。商業也很發達。交通亦很發達，陸路為津浦鐵路必經之點。水路有南運河、子牙河兩長流，輸出品多為穀類蔬菜。

交通、水路有南運河、北有子牙河，陸路東可達天津市，西通獨流鎮，又為津浦鐵路必經之點，交通很是便利。

工商業：

年畫每年出品最有名，行銷關外、新疆等地，近年來有舶來品之打擊，已經衰落。

小麥、

大田收穫後，農人開始整地，預備播種小麥。

慈善機關、有紅卍字會、有掩骨社、有施醫局等。
文化機關：有文昌閣、有學校十餘處、私塾二十餘處，有閱報社，有星期自由宣講等。
救火設備：雖然沒有像天津消防隊那樣的設備，但是私立的水會很多，計有康善、天安、預防、天泰、六安、忠善、安雖大局、二局、大同、衆善、永安、平安、存德、保安等十幾處，有了火時，在救火的時候，人們拚命的向火場去救火。

名勝：有三就是俗說的戲樓、牌坊、文昌閣。

風景：本鎮東有李善人墓地一處，矩離約五里許，位於運河南岸，李公樓村之東南。

團體組織、

本地方的最高自治團體，為鎮公所，設鎮長一人，副鎮長二人、監察委員五人，以辦理本鎮一切事宜，鎮長和副鎮長的產生，必須經過選舉，任期三年，鎮長之下，有里長有鄰長，以幫助鎮長處理，里或鄰的所有一切事務。

商會、主席一人、常務委員三人、執行委員五人、監察委員七人、事務員一人。

農會：因為辦理不善，無形停頓。

公用設施、有郵政局、長途電話局、電燈公司、自流井公司和中西醫院等

宗教：居民都信佛教，所以廟宇不少。耶蘇教

堂的設立，但信徒無幾，至於天主教的信徒，只有一個。

風俗：

從前民風樸素，現在因受津市風俗的燻染，已趨於都市化了。女子大多數剪髮、燙髮、旗袍、高跟鞋，所以差一點的還沒有多少赤臂裸腿。

總起來說，我鄉的一切都和津市相差不遠，所以有小天津之稱。

公立六十學校王蔭槐

我之鄉村

津西三十里之楊柳青、是津縣首鎮、又是我之故鄉、原名沽流口、因當各水入大沽海河之口、故有是名、清乾隆沿運河南巡路經此地、見沿河兩岸楊柳垂條、青青可愛、帝無意中、呼為楊柳青、後人以之為御賜、而有斯名、

我鎮之交通　地居南北運河之間、中貫津浦鐵路、津白、津保、津青之汽車、終日分馳鎮之南北、故交通便利、

我鎮之集會　鎮之四周、環以小村、村人應用物品、大都購自我鎮、集會之日、沿用廢曆、每月之一六等日、俗稱一六集、每逢是日、莊村居民、持筐携簍、來

鎮購買、鎮中商店、以及攤販、莫不利市。

我鎮之慈善事業

我鎮居民、計有萬戶、幸皆平民、無力者多、故慈善事業、寥若晨星、僅有數處、如施醫局、終年施醫施藥、恤嫠會、按月恤給嫠婦、米面與金錢、每至年終、尚有旅新義賑會、貧民所得、不過數斤之玉面、較之津市慈善事業、儼若滄海一粟、

我鎮之學校　鎮中之學校、大都小學、共有十二處之多、概皆收納學費、近年民生凋敝、故失學者多、雖有公七十一學校、為平民化之義學、此外尚有萬國道德會之女校、世界紅萬字會之男校、不收學費、惜多偏西、仍不能廣收鎮中之貧兒、據近調查鎮中失學男女兒童、不下兩千之數、是以義務教育、為當

務之急、刻不容緩之事、

我鎮之農產

我鎮居民、務農者多、近年農業破產、改種棉花、頗獲厚利、隨地棉棧、在在皆是、紡彈之聲、不絕如縷、長此、影響民生者至大、

我鎮之特產

檳榔糕、酥糖、皆係食物、是吾鎮創製之品、香甜適口、酥脆清香、各地之人、多來購買、雖

云小技亦提倡實業之一途

鄉土教材

天津縣公立第五十小學校 鄭愛德

現在我敘述的事情，是以楊柳青為單位，所搜集的材料，有的是親自調查，有的是可靠的傳說，雖不敢說有怎樣的價值，可是自問還夠得上「忠實」二字，那末我就按照應徵的範圍擇其要者把牠一樣一樣的敘述在下邊吧。

鄉土歷史

(1)知名的原因

楊柳青是天津縣屬的一個大鎮，位在縣城的西南，既沒有名山大川，又不是軍事要塞，何以遠近知名呢？我認為有三種原因：一是年畫（楊柳青附近的特產）的傳宣力，年畫上印有楊柳青三字，所以年畫到的地方，就是楊柳青這個地名亦就傳播到了；二是庚子之役，八國聯軍攻下天津後，人民多有逃到本鎮的，因此交相宣傳它的聲名更大了；三是前些年內戰時，軍閥們多在本鎮設立兵站區所，以楊柳青三字在地圖上印有極顯明的標記。

（乙）地名的由來

楊柳青原名古柳口，相傳清乾隆帝下江南的

時候，坐着船巡遊到了本鎮，看見南運河兩岸的楊柳樹很多，並且全都青翠可愛，他老先生一時很高興，硬把古柳口給改為楊柳青，這段事情雖沒載在史乘，可是本鎮的老年人都傳說的津津有味呢！

(12) 鄉土地理

(甲)位置　本鎮在津市西北三十餘里，北界武清，西界靜海，面積約八方里。

（乙）山川 無名山大川，僅僅的南運河東西橫貫在鎮中，子牙河流經鎮北，直達保定。

（丙）人口 共計二萬八千六百八十人；其中男子為一萬五千四百五十七人；女子一萬三千二百二十三人，這是根據本鎮警察所的最近戶口調查得來

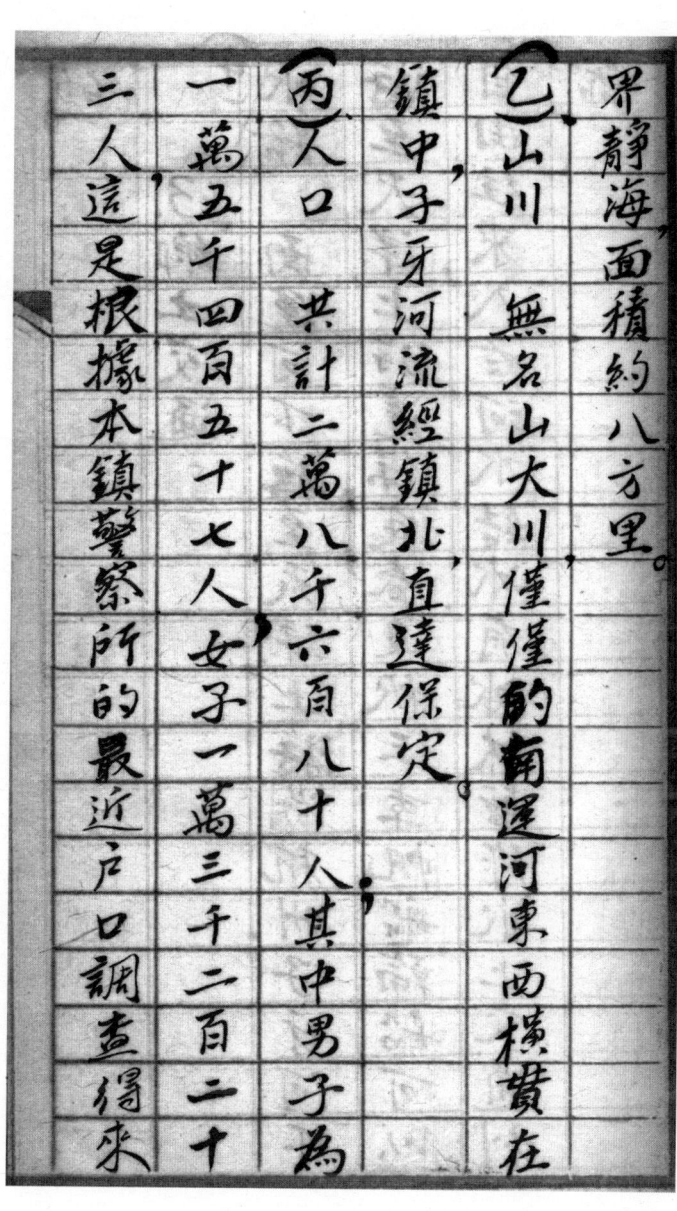

的。

(3)鄉土交通

甲 水路

南運河下游至天津，上游溯杭州，子牙河下游至天津，上游達保定，春夏秋三季，帆船輪船可以自由往來，入冬河水結冰，有冰牀暫作水上交通利器。

（乙）陸路　津浦鐵路經過本鎮北，交通很是便利了，津保公路經過鎮[redacted]，南更是便利多多。

此外，馬車人力車可以自由與附近各地往來，所以本鎮稱得起一個水旱碼頭。

土鄉土物產

（丙）郵電　本鎮有二等郵局一處，除了辦理匯兑包裏掛號快信等普通的工作以外，還代收航空郵件，辦理郵政儲金，代售印花稅票，代收所得稅款。津浦鐵路楊柳青車站電報房，也可以代人拍發電報。天津電話局在本鎮設有分局，可以與各地通話。

（廿）鄉土物產

本鎮沒有礦產，至於家畜普通農產品不足以

敘述，現在僅就着本鎮一種手工藝品—年畫稍為敘述一下。本來年畫的發祥地雖是楊柳青，可是本鎮上只有碩果僅存的戴廉增幾家畫莊了，普通的年畫大概都是本鎮的南邊一個莊村叫炒米店的出品，炒米店距本鎮十五里，那兒的出品，大半用楊柳青的老牌號向外推銷。年畫的題材，有的是農民生

活狀況，有的是過年（夏曆年）的家庭情形，有的取自
武俠小說，有的無非齊東野語，近來合有教育性
質激發愛國情緒出品，也是很多。宅的印刷方法，已
往是木板，後來兼用石印。它的銷路，最初很廣，如東
三省陝甘都有很好的銷場，現在則沒落的可憐了。

(5) 鄉土經濟

（甲）農業概況

本鎮農民除耕種大小麥高粱玉蜀黍以外，其餘以黑豆棉花蘇麻為大宗，馬鈴薯白菜也出產不少。鎮北大柳灘的柳竿柳條產量也多。

（乙）工業概況

工業不發達，大規模的不過是豆油廠一種，榨油製餅，行銷各地，以前本有十數家，近年僅餘三家。其他如磚瓦窰炸炮作坊[illegible]，織蒲包、編葦席等、全沒有大量產品。

（丙）商業概況　大小商店共有三百零一家，因為本鎮距離天津很近，大規模的營業難以發展，所以本鎮的商店多係零售商，較大者無非錢家、油糧商、棉花棧與當、等銀行錢莊等金融業，本鎮沒有它们立足的地方。

(6)鄉土勝蹟

本鎮勝蹟，沒有什麼可以說的，勉强的尋找，也只有二三古蹟可談。

(甲)文昌閣　此閣起建在明思宗崇禎七年，至清咸豐三年經過一次變亂，大部毀壞，十年後本鎮士庶梁沛龍等發起重修。現存之閣共分三層，遠望很像北平天壇祈年殿秀麗珍瓏，很有可觀。科舉時代曾用它作為書院，所以本鎮上多少文人都曾出身此閣。呢前些年常駐軍隊，損壞難免，最近又有人設法修補了。

（乙）戲樓　在本鎮西街藥王廟內，是明代遺物，後有毀壞，故此在道光二十五年重修一次，往年每逢四

月廟會，即開放演戲戲樓建築的堅固美麗，最可貴 固不必談

的，是樓內中懸一匾，文為「歌舞丹慈」四字，係嚴嵩手筆，非常洒脱。嚴嵩的人格我們不去管他，他遺留下的字跡，足夠人們欣賞憑弔了。

（丙）牌坊　直對藥王廟有牌坊一座，也是明朝遺物，在咸豐六年重建，式樣古雅，彩畫富麗，比天津水西

莊前的牌坊好多了。

（7）鄉土政教

（甲）鎮公所　鎮長一人，鎮副二人，監察委員五人，均為票選，為本鎮自治機關。

（乙）警察所　本鎮的警察機關是天津縣屬鄉區第三警察所，其編制系統，總所以下有四分所，警官警

長警士共五十餘人
(丙)教育　天津縣第四學區教育會設於本鎮普通
教育有男女小學十四處義務教育有短期小學四
處民衆閱報所一處
(8)鄉土宗教
(甲)宗教　本鎮居民多數信仰佛教嚴格說即是多神

教，其餘耶穌天主道教等都有人信仰，不過信回教的，大概只有夏姓白姓兩家吧！

（乙）廟宇　計有藥王廟、關帝、火神、娘娘、佛爺、王皇、菩薩、土地、馬神、大王、白衣、玄帝、真武、三義、柳仙等廟，三元、紫竹、準提等菴，白灘、藍塔二寺，除已廢者不計，以外大小廟宇共有二十五處，其中以藥王廟為最大。

(9) 鄉土風俗

本鎮的一切婚姻喪葬祭祀養老繼承交際都和天津市大致一樣。

(10) 鄉土娛樂

本鎮除去三大節陰曆年端陽節中秋節之外最為居民所歡迎者為陰曆四月之藥王廟會出會的

候
時四鄉的人全來得很多，所以市面亦能繁榮一時。此外，平常的日期有幾處說書廠和兩處小規模的戲園，略為點綴。

青鎮鄉賢石次鄉

公六中小學 鄭樹湘

石元士字次鄉，楊柳青人。為人慈藹，扶困濟危，有仁人風。於鄉黨中多創義舉，鄉人蒙其惠，咸呼三爺而不名。

石氏為河北望族，富甲一鄉，凡遇風霜水旱之為災，兵荒匪亂之為禍，莫不盡力維護，使全鄉安泰，而後已。未嘗稍事推脫、吝惜資財。

光緒二十六年，拳匪之禍，河北一帶，聯軍所至，無不遭其荼毒，荆棘銅駝，紅羊劫灰，到處皆然！惟吾鎮未損毫髮，皆出石氏一己之力。蓋先生待人以誠，雖夷狄之人，皆為所化。事定後，聞於孝欽太后，不禁喟然曰：「使守土盡然，何致糜亂若此！」恩賜頭品頂戴。

先生平生關懷桑梓，酬繆未然，其古人所謂先天下之憂者歟，先生長逝，已念餘年，道德懿行猶爲鄉人所稱道。

鄉土教材

天津縣縣立第一小學校劉榮貴

鄉民風俗特殊的一點

天津縣西楊柳青鎮，一般普通的家庭中，老婦及幼女，在閒暇之時，多做磕瓜子的工作，就是把帶皮的瓜子，用牙剥成仁子，這種工作雖小，也可說是家庭工業的一種，既可藉此消遣，並還可得一些小工資，關於瓜子的用途，即為各地中西茶食店中，做糕點之點綴，瓜子由一種販商收買後，用水將瓜子閹得潮閏，分發給住户磕仁，每斤工資六七枚，聽說分發瓜子的商販，也很得利，從乞丐們手裏買來花些磕的工資，就可賣到須多錢一斤，一百元的資本，就可得到一百多元的利，本鎮真有從此致富的，雖然不是甚麼輸出的貿易，總比一般的運銷外貨，幫助走私的強得多了。

鄉民疾病自然治療法的我見

關於一般普通家庭的嬰兒，時常發見頭部患黃水瘡之症，此症之發起，原因，有先天關係，或因家庭中不注重日常衛生而所起，但不論其原因何在，土方皆能勝過科學的療法，據日常所見，尋取有蛹的螞蜂窩，用香油浸透架起火燒煅，滴出油汁，用以塗沫患處，數次即愈。

關於膿性耳炎的治療法：

將核桃去皮，將仁放於磁器中，以物搗碎，用最薄的紗布包上，用手將其油汁擠出，滴於器中，放冰片少

許即可，將耳中膿液揩淨後把核桃油滴入耳孔中，
效力頗大，數次即可復原狀。

楊柳青鄉土教材之搜集

公立五十
楊肇敏

鄉土教材

楊柳青地名由來：

楊柳青公立五十小學校楊肇敏

相傳此地原名古柳口，在明朝建國二十年左右，第二世建文皇帝時，隨燕王由他處移民於此。首次所移姓氏，為周、梁、宋、董四家，後其他各姓陸續遷移，至清朝乾隆皇帝四十四年，下江南巡遊時，經南運河乘船路過，見此地沿河兩岸，多植楊柳樹，彼時賜名楊柳青。

古蹟

文昌閣起建於明思宗崇禎七年，至清咸豐三年，經過一次變乱，曾遭毁壞，後于十年，復經本鎮士庶梁沛龍等，重新修造，查此項建築物，距今已三百零五年，相傳當年起建此閣，與風脈文化有關，此閣分三層，六角形，高低適度，彩畫秀麗，玲瓏可觀，東西建有配房雨廊等，門前橋樑，周圍水溪環繞，蘆塘樹木配置得宜，其他各處雖有文昌宫及奎星閣種種建設，其形勢均難與之比美。上層塑有奎星像，其意採科舉應試時，希望藉該吉星之筆以點狀元，中層為文昌帝君像，其意採吉星主大貴並令人藉此多讀聖賢書，以求深造，下層為朱衣人像，其意採科舉應試時，希藉朱衣人暗點頭之設想，其文即得入格，且在閣內設有文學考試機關，每月試課二次，月期為夏曆之初五、二十兩日，採獎金辦法，名曰膏火費，以資鼓勵。主試閱卷者，聘請北京名賢担任，彼時文風特別昌盛，實為地方選拔人才之第一步工作，至清光緒年間，科舉廢除，提倡新教育，該項辦法亦隨之消滅。而秀麗美觀之建築物，依然存在，現今天津縣公立第六十一小學校即設於該閣內，前十年因國家內戰頻仍，時常駐紮軍隊，迭受損壞，而最近又有注重古蹟者修葺矣。

戲樓重建于清朝道光二十五年，地點在本鎮西街藥王廟內，建築十分堅固，式樣精巧，每屆四月廟會之期，即開放演劇，藉以繁華市面。
牌坊重建于清朝咸豐元年，地點在藥王廟大街前
口，直對該廟大門，式樣古雅，彩畫精良，甚為可觀，工
程堅固，且歷年不斷修理，是以美麗之狀，長期保存。
鎮公所組織
鎮長一人，鎮副二人，監察委員五人，均由票選產出，
外事務員二人，鎮丁二人。
商會

由七行同業公會產出，先選執監委，後公推常委，其組織為主席一人，常務委員三人，執行委員七人，監察委員五人，事務員一人，工友一人。

全鎮大小商店共三百零一家，在會員者約三分之一弱。

理公所

大衆(男)五處，二衆(女)二處，以不吸煙不飲酒為戒，並無其他用意，全鎮人民入所者約五分之一。

老人會

原為儲蓄互助性質，從前很盛，後因無保障組織，及參加者漸少，現今存在者已不多。

消防水會

全鎮共有十七處，多數備置水機、水龍帶，其組織人員，分為士善、伍善兩種，士善為承辦出資者，而伍善為勞力工作者，遇有火災，不分區域，均奮勇爭先工作，以期撲滅。

紅萬字會

名稱為世界紅萬字會楊柳青支會，成立於民國十七年，內[現今]設工讀小學一處，擬定讀書半日，工作半日，以織毛巾、手套、襪子為初步辦法。

萬國道德會

原設於[本]鎮南鄉，後於民國十九年，移設於本鎮，講演家庭倫常道理，附設普及義務女學校。

農會

民國二十年前，曾經設立，後因無甚工作，乃於第一屆期滿時，未曾繼續改選，現已無形取銷。

同鄉會

明清時代，曾經設立大規模之山西會館（西關帝廟），至清咸豐年變乱，業經被焚無餘，現該地址，前半為天津縣公立第八小學，後半為天津縣公立第五十小學，兩校校址。

教育會

為天津縣第四學區教育會，隸屬於天津縣縣教育會。

道院

名稱楊柳青道院，成立於民國十六年，隸屬於山東北平總分院，除修身養性外，專辦慈善事業。

福音堂

內有外籍教士一人，聘有傳道先生一人，現有教友百餘人，每日定時佈道，經費由美國總會接濟。

天津女醫院楊柳青保母健免處

在本年七月成立，為半慈善性質，注重產科，並協助學校辦理學校衛生一切事宜，對於貧者患病，經警察所証明後，則診費藥費一律免收。

衛生井泉公司

民國十八年為本鎮紅卍字會所創設，因南運河每屆春季常有涸乾之虞，飲料缺乏，民生有關，是以建設此井，以備臨時救濟水荒。

電燈公司

設於民國十二年，除供燈戶外，多數電汽供給於碾磨業，及榨油業之發動力。

電話局

津青通話甚方便，其他各地亦能通話。

電報房

為津浦鐵路楊柳青車站，電報房之副業。

年畫出品

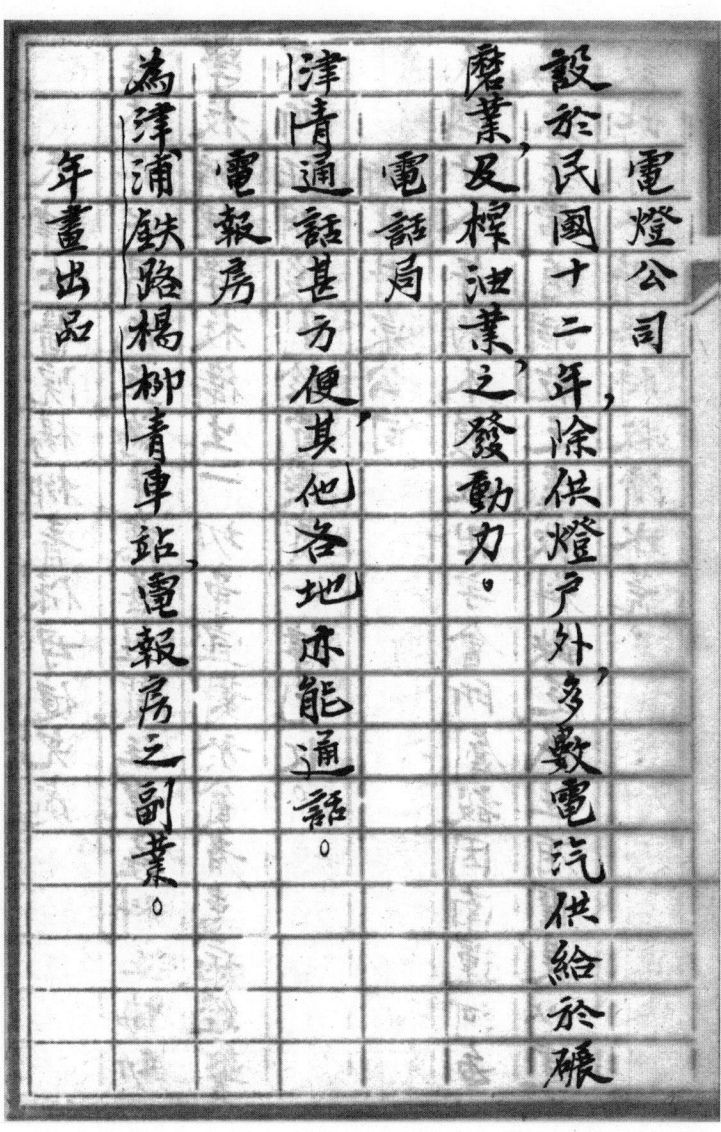

發明於前清嘉慶時代，距今已一百四十餘年，種類繁多，不及備載，大致題材方面，以農民為中心，多描寫農村生活，又因係過年時所用之點綴品，故多取吉利性質，印刷係用人工，先由技師創稿，後由工人刻板印刷、套色、塗色、描金、畫眉、點睛，一張畫須經過十幾層手續，始能完成也。有不經印刷完全採用畫工創造者，名曰撮筆畫，在當時營業很是發達，銷售地點以新疆陝甘各省，及北平附近冀東各縣，東三省各處最多。至清光緒年間，民智漸開，遂有新的創造，如戒纏足、戒迷信、以及關於教育各畫，均含有矯正世俗、改進社會之意。至民國元前後，盛行石印法，更兼長於美術人才漸多，日新月異，而守舊方法之畫業，也因之而失敗。現在行銷數額，較前大減，然在冀東各縣、東三省、陝甘各地，仍有相當價值，至於相傳楊柳青出畫精美，工作人員非盡本地人，營業廠所，雖在本鎮，而實行工作者，多在本鎮之南鄉各村莊，確為人民一種生活事業。

風景

因為地居平原，沒有特殊美景，只有野外菜園、私人小花園、和農田植物、自然風景。

風俗習慣

居民無論（貧富）多講浮華，衣食隨津市潮流更變，並且至本地的廟會時，市面很繁榮，更有農民生活多注重過節（元宵、端陽、中秋、重陽、過年，夏歷）喜、喪、儀仗與天津市同還有上等居民，性好安逸，中下等多勞動而勤儉。

居民職比率

農佔百分之四十，工佔百分之八，商佔百分之三十，學佔百分之一，軍警佔百分之一，其他佔百分之二十以上，均為估計數。

居民貧富比率

富者僅十分之一，(小康之家在內)貧者佔十分之九。

自食其力者多。

位置及交通

在津市之西，與津相距約三十里，面積約八方里，南運河横過鎮南，子牙河在鎮北，穿過此兩河交通，春、夏、秋有帆船和小汽船載客運貨，來往行駛，冬季河内結冰，有冰牀來往，行駛起來比小汽船也不慢，陸路有津浦鐵路，爲離津之第一站，每日上、下行客車十餘次，在鎮南有汽車路站，設鎮内，每日往返津清。

鎮北又有往返津白汽車路，此外尚有馬車、人力車、等往來通行，交通均甚便利。

農業

此地農產品以黑豆、棉花、蘇麻、爲最多。土豆、柳竿菜籽、芫荽、萎籽次之。此外尚有小麥、各種穀類、蔬菜、蘿蔔等出產。

工業

不甚發達，前幾年有十餘家豆油廠，棕油製餅，近年來，多設立壓棉工房，彈棉絮壓棉籽，還有磚瓦窰窰，製炸炮者，造包裹紙製蓆者。

商業

大小商店共有三百餘家，多為小規模，較大者為油、糧業、棉花棧、當商等，因地距津市很近，故大商店難發展。

公安

本地警察機關，隸屬省會統轄，為鄉區第三警察所，其編制為總所一，分所四，警官、警長、警士、共、五十餘人，晝夜出勤，更有臨時駐軍、及水上警察局、協防地方公安，其編鄉守望自衛辦法，業已完編，尚未實行。

教育

第四學區教育會，設於本鎮，普通教育有男女小學十四處，內有慈善機關附設者二處，義務教育有短期小學四處，民衆閱報所一處。

郵務局

二等支局、所有滙兑、包裹、掛號、快信、輕便郵包、均能郵寄，另外代收航空郵件、辦理郵政儲金，代收所得稅款，代售印花稅票，代兑中央、中交法幣。

户籍

本鎮户數為5893户，人口男15457、女13223、共計28680口。

從前之閭數、一一八閭（五鄰為閭）鄰數590鄰（十户為鄰）現在的編制鄰數1160鄰，（五户為鄰）里數116里，（十鄰為里）聯鄉數12聯鄉，（十里為聯鄉）。

一六集市

本鎮位居西鄉，為數十農村之中心，且水陸交通十分便利，商業除住商外，有行商多種，每逢夏曆月之初一、初六、十一、十六、二十一、二十六，各日集合一定場所，售賣各種物品，同時四鄉農民全來購買，俗名趕集；而四鄉農民出產之農產品，也運來銷售，届時繁榮狀況，好像都市的小商場。

風俗習慣

廟宇

廟宇很多，有馬神廟、菩薩廟、土地廟、佛爺廟、玉皇廟、娘娘廟、火神廟、關帝廟、藥王廟、藍塔寺、三義廟、真武廟、白灘寺、準提菴、玄帝廟、白衣廟、三元菴、紫竹菴、大王廟、柳仙堂共二十餘處，已作廢者不算。各廟大多係泥胎木偶造像，只有相傳佛爺廟的古銅佛五尊，與五台山上之銅佛相似，更有白灘寺內有玉佛一尊，乃係當年由某山上移來，其鑄造彫塑非常精美，實所罕見。

慈善機關

掩骨社
施材社
恤產會
恤嫠會

均為慈善機關，每年由各善士，捐款分别救濟貧人。

華北水利委員會水文測站

委有專員，隨時測量水位，報告總會，各河水勢漣着猛漲時，工作很忙。

義渡

本鎮人民沿運河兩岸，居住很多，且又為旅客常經之地，所以由地方士紳提倡建設義渡四隻，分置各要路口，以利行人往來。

婦女生活

富者安逸，中等者操作家事，貧苦者多以剝花生、拾棉絮、紡蔴綫、剋瓜子、糊火柴盒、縷綫帶、鑲襪口、搓炸炮、擺玉蜀黍、捧高粮為生活，每日所得工錢極微。

工人生活

瓦、木、油、石各工匠，每日工資六角上下，工作的時間，在八、九小時，然有閒有忙，所以生活情況不能保持平衡。

商人生活

中等商業，除少數油粮業、布商、藥店類者，各有一部分僱用售貨員，月薪約在十元上下外，其餘均為有東自夥，小本營業，終日勤勞，隨買隨賣，藉以謀生，更有肩担負販提籃者，更苦不可言。

農民生活

富者除自己計畫一切以外，多僱用長工、月工、短工等服務，中等者，有田園數畝，自己耕料理，不論男女老幼同力去作，也有租種的，全係合家之力謀全家之幸福，衣食住很是辛苦，下等者多被人僱用，每日上午兩三點鐘即拿農具下地工作，至中午散工休息，工作約十小時，所得工資三四角不等，至冬季又以拾柴爲生。

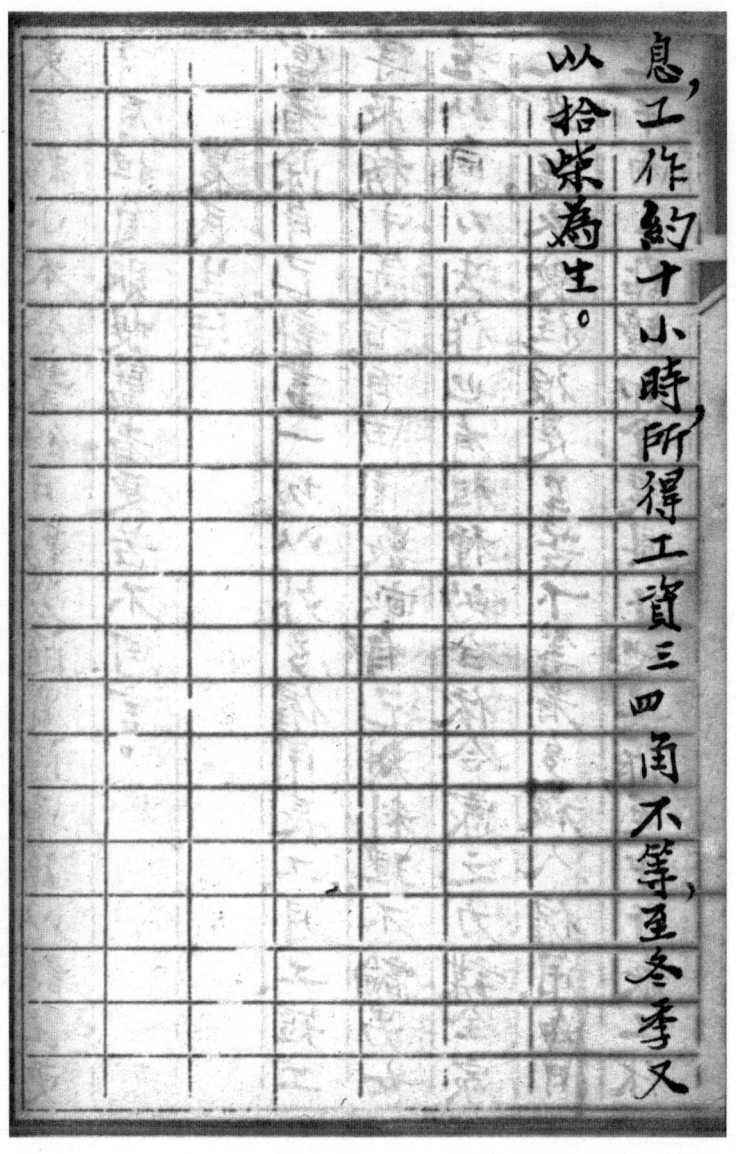

公立五十　劉世瑁

楊柳青鄉土教材之搜集

鄉土教材

楊柳青公立五十小學校 劉世瑁

楊柳青地名由來

相傳此地原名古柳口。在明朝建國二十年左右，第二世建文皇帝時，隨燕王由他處移民於此。至清朝乾隆皇帝四十四年，下江南巡遊時，經南運河乘船路過，見此地沿河兩岸多植楊柳樹，彼時賜名楊柳青。

農業

此地農產品：以黑豆、棉花、蘓蔴、為大宗。土豆、柳竿、菜籽、芫荽籽次之。黑豆可以榨油，製餅，棉花、蘓蔴，銷售國外，為製人造絲地毯之原料。土豆除為酒精之原料外，還能做次藕粉及粉漿子用；有時曬乾後與小麥攙合磨成麵粉，本鎮之北部柳林很多，故出柳竿數量不少；其功用為、木作楦活的原料；棱畫的上下桿，各種農器的長柄，及叉子等。其細者各柳條做普通用具，如籃子、筐子、篩子、笸籮、種種器物，均為柳條所編成的無用之柳條，可裝窰燒炭，為生炉之用。其極細不直之柳枝，名曰柳柴，可供燃料。菜籽、芫荽籽銷售兩廣，為製香油料之用，其餘小麥各種穀類、蔬菜蘿蔔等均為食用品。此外還有向日葵，俗名轉角蓮，其子可供食用，又可榨油，據云大宗的銷路為本國南方各省，多係食用，因其性能去溼氣，故人人尅食。

教育

第四學區教育會，設於本鎮，普通教育有男女小學十四處，內有慈善機關附設者二處，就學兒童約二千人，（改良私塾在外）義務教育有短期小學四處，就學兒童男女百數十人，民衆閱報所一處，惜教育機關頗感缺乏，惟中等學校更有添設之必要。

工業

不甚發達，前幾年有十餘家豆油廠，榨油製餅，油之功用：(一)食用，(二)工業用（燃光油）其銷路為廣東、天津各地豆餅供作肥料之需，有歉年時尚可作食料，其銷路津浦路至德縣、臨清一帶，子牙河水路銷售可達本省西南各縣，如束鹿、南宮、小範、趙橋、衡水、保定、安國各地，東至冀東各縣；近年以來營業衰敗原因，其他各銷售地多設廠自製，供過於求，滯銷價落，於是停業者很多，現僅存三家。又發明以棉花籽榨油、製餅，其油俗名衛生油，又名清油，可供食用及工業用，造胰子；其餅可供肥料及牲畜飼料之用，近年來多設立壓棉弓房，彈棉絮，壓棉籽，運銷他處。此外尚有小部分手工業，如磚瓦窰，製炸炮，造包裹紙，織葦蓆，製造方法笨拙，出品亦不甚多，僅供本地之需。

商業

大小商店共有三百餘家，然多係小規模之零售商，以供居民日用必需之零星物品者。其較大者爲油糧業，棉花棧，當商等，因距津市甚近，且交通方便，故其他大商店營業難以發展。

位置及交通

在津市之西，距約三十餘里，面積約八方里，子牙河在鎮北穿過，南運河橫過鎮南，此兩河交通，春夏秋有帆船，及小汽船載客運貨，往來行駛，冬季河內結冰，有冰牀往來，速度比小汽船亦不慢，陸路則津浦路，為離津之第一站，每日上下行客貨車十餘次，半小時即能達到，在鎮南三數里，為汽車路站，設鎮內，每日往來返津青數十次，隨時乘坐，計時三四十分即可達到鎮北，又有往返津白汽車路，在此渡河，旅客亦能隨時乘車，此外尚有馬車、人力車等，不過需時稍長，交通均甚便利。

居民

此地居民往新疆經商者（俗名趕大營）約佔全鎮商人三分之一，因此而致富者甚多，然近年來已大不如前矣。

居民職業比率

農佔百分之四十，商佔百分之三十，工佔百分之八，學佔百分之一，軍警佔百分之一，其他佔百分之二十，均係約數計。

居民貧富比率

富者僅佔十分之一，（小康之家在內）貧者佔十分之九，自食其力者佔多數。

風俗習慣

居民無論貧富，多上浮華，衣食常隨津市潮流而變更且本地廟會，按期舉行，市面繁榮；一時因係農民生活多注重過節，元宵、端陽、中秋、重陽、過年、夏曆喜喪儀仗，與天津市同。上等居民性好安逸，中下等者多勤勞。

宗教

多數信仰佛教，信仰基都教的，天主教者均有。

風景

因地處平原，無特殊的美景。僅有野外菜園，私人小

花園及農田植物自然風景

户籍

本鎮户數為5895户人口男15457女13223共計28680

從前的閭數118閭（五鄰為閭）鄰數590鄰（十户為鄰）

現在的編鄉鄰數1160鄰（五户為鄰）里數116里（十鄰為里）聯鄉數12聯鄉（十里為聯鄉）

公安

本地警察機關，隸屬省會統轄，為鄉區第三警察所。

其編制為總所一，分所四，警官、警長、警士共五十餘人，晝夜出勤，更有臨時駐軍及水上警察局協防地方，安謐。其編鄉守望自衛辦法，業已編竣，尚未實行。

郵務局

二等支局所有匯兑、包裹、掛號、快信、輕便郵包均能郵寄，另外代收航空郵件，辦理郵政儲金，代售印花稅票，代兑中央中交法幣，代收所得稅款。

廟宇

計有關帝廟、藥王廟、娘娘廟、火神廟、佛爺廟、玉皇廟、菩薩廟、土地廟、馬神廟、大王廟、白衣廟、玄帝廟、三元菴、紫竹菴、準提菴、真武廟、三義廟、白灘寺、盤塔寺、柳仙廟共二十五處（已作廢者不計）各廟多係泥胎木偶造像，惟相傳佛爺廟之古銅佛五尊與五台山上之銅佛相彷彿，又白灘寺內有玉佛一尊，係當年由某山上移來，其鑄造彫塑之精美，實所罕見。

古蹟

文昌閣起建於明思宗崇禎七年，至清咸豐三年經過一次變亂，曾遭毀壞，後于十年復經本鎮士庶梁沛龍等重修造。查此項建築物距今已三百零五年，相傳當年起建此閣與風脈文化有關，閣分三層，六角形，高低適度，彩畫秀麗玲瓏可觀，東西建有配房、雨廊等，門前橋樑，周圍水溪環繞，蘆塘樹木配置得宜。其他各處雖有文昌宮及奎星閣種種建設，其形勢勢均難與之比美。上層塑有奎星像，其意採科舉應試時，希藉該吉星之筆以點狀元。中層為文昌閣帝君像，其意採吉星主大貴，並令人藉此多讀聖賢書，以求深造。下層為朱衣人像，其意採科舉應試時，希藉朱衣人暗點頭之設想，其文即得入格。且在閣內設有文學考試機關，每月試課二次，日期為夏曆之初五、二十兩日。採獎金辦法，名曰膏火費，以資鼓勵。主試閱卷者，聘請北京名賢擔任，彼時文風特別倡盛，實為地方選拔人才之第一步工作。至清光緒年間，科舉廢除，提倡新教育，該項辦法亦隨之消滅；而秀麗美觀之建築物，依然存在，現今天津縣公立第六十一小學校即設於該閣內。前十年因國家內戰頻仍，時常駐紮軍隊，迭受損壞，而最近又有注意重古蹟者修葺矣。

戲樓重建于清朝道光二十五年，地點在本鎮西街藥王廟內，建築十分堅固，式樣精巧，每屆四月廟會之期，即開放演劇，藉以繁華市面。

牌坊重建于清朝咸豐六年，地點在藥王廟大街前口，直對該廟大門，式樣古雅，彩畫精良，甚為可觀。工程堅固，且歷年不斷修葺，是以美麗之狀長期保存。

鎮公所組織

鎮長一人，鎮副二人，監察委員五人，均由票選產出外，事務員二人，鎮丁二人。

電燈公司

設於民國十二年、除供燈户外、多數電汽供給於碾
業及榨油業之發動力。
電話局
津青通話甚方便、其他各地亦能通話。
電報房
為津浦鐵路楊柳青車站、電報房之副業。
華北水利委員會水文測站
委有專員、隨時測量水位、報告總會、各河水勢連續

猛漲時工作很忙。

慈善機關

掩骨社
施材社
恤産會
恤嫠會
均係慈善機關，歷由各善士捐資分別救濟貧苦人民，多數稱便。

義渡

本鎮人民沿運河兩岸，居住且為旅客常經之地，曾

由地方士紳提倡建設義渡、四隻、分置各要路口以利行人，

衛生井泉公司

民國十八年為本鎮紅卍字會所創設，因南運河每屆春季，常有涸乾之虞，飲料缺乏，民生有關，是以建設此井，以備臨時救濟水荒。

商會

由七行同業公會產出，先選執監委，後公推常委，其

組織為主席一人、常務委員三人、執行委員七人、監察委員五人、事務員一人、工友一人、全鎮大小商店三百零一家、在會員者約三分之一弱。

農會

民國二十年前曾經設立後、因無甚工作、乃於第一屆期滿時、未曾繼續改選、現已無形取銷矣。

道院

名稱楊柳青道院、成立於民國十六年、隸屬於山東

北平總分院除修身養性外、專辦慈善事業、

消防水會

全鎮共有十七處、多數備置水機水龍帶、其組織人員分為士善、伍善兩種，士善為承辦出資的，而伍善為勞力工作者、遇有火災不分區域均奮勇爭先工作以期撲滅。

理公所

大衆(男)五處、二衆(女)二處、以不吸煙不飲酒為戒、並其他用意、全鎮人民入所者約五分之一。

紅萬字會

名稱為世界紅萬字會楊柳青支會，成立於民國十七年。內設工讀小學一處，擬定讀書半日，工作半日，以織毛巾、手套、襪子為初步辦法。

萬國道德會

原設於鎮南鄉，後於民國十九年、移設於本鎮，講演、家庭倫常道理。附設普育義務女學校。

天津女醫院楊柳青保母健兒處

在本年七月成立，為半慈善性質，注重產科，並協助

學校辦理學校衛生一切事宜，對於貧者患病經警

察所証明後，則診費藥費一律免收。

福音堂

內有外籍教士一人，聘有傳道先生一人，現有教友

百餘人，每日定時佈道，經費由美國總會接濟。

教育會

為天津縣第四學區教育會，隸屬於天津縣縣教育會。

年畫的出品

發明於前清嘉慶時代，距今已一百肆十餘年，種類繁多，不及備載，大致題材方面，以農民為中心，多描寫農村生活，又因係過年時所用之點綴品，故多取吉利性質，印刷係用人工，先由技師創稿，後由工人刻板，印刷，套色，塗色，描金，畫眉，點睛，一張畫須經過十幾層手續，始能完成，亦有不經印刷，完全採用畫工創造者，名曰撮筆畫，在當時營業很是發達，銷售地點，以新疆、陝甘各省及北平附近冀東各縣、東三各處最多。至清光緒年間，民智漸開，遂有新的創造，如戒纏足、戒迷信，以及關於教育各畫，均含有矯正世俗，改進社會之義意。至民元前後，盛行石印法，更兼長於美術人才漸多，日新月異，而守舊方法之畫業，亦因之而失敗。現在行銷數額較前大減，然在冀東各縣，東三省，陝甘各地，仍有相當價值。至於相傳楊柳青出畫精美，工作人員非盡本地人，營業廠所雖在本鎮，而實行工作者多在本鎮之南鄉各村莊；確為人民一種生活事業。

一 六集市

本鎮位居西鄉，數十農村之中心，且水陸交通，又十分便利，商業除經久住商外，還有行商多種。每逢夏曆月之初一、初六、十一、十六、二十一、二十六各日集合一定場所，售賣各種物品；同時四鄉農民，均來購買，俗名趕集。而四鄉農民出產之農產品，亦多運來銷售，屆時繁榮狀況，有若都市商場。

農人生活

富者除自己計畫[一切]外，多顧長工、月工、短工等；中等者有田園數畝，自己料理，不論男女老少，同力合作；亦有租種者，均以全家之力，謀全家之衣食，很是辛苦。下等者，多被人顧[僱]用，每日上午兩三點鐘即持農具、下地工作，至中午收工休息。每日工作約十小時，所得工資四角不等。至冬季又以拾柴為生。

工人生活

瓦、木、油、石各工匠，每日工資六角上下，工作時間在八九小時，然有閒有忙，故生活狀況不得保持平衡。

商人生活

中等商業，除少數油糧業、布商、藥店類者，各有一部分僱員，月薪約在十元上下。外其餘均為自東自夥之小本營業；終日勤勞，隨蹔隨售；藉以謀生、肩擔負販，提籃者，更無論矣。

婦女生活

富有者多尚安逸。中等者操作家事，貧苦者多以兒夾子、糊火柴盒、剝花生、拾棉絮、紡麻線、纏線帶、鎖襪口、捲炸炮、撮玉蜀黍。碎高粱米為生活。每日所得工資甚微。

農村經濟

楊柳無正式銀行，商家通融資金，若遇千元以上者，多到津市銀行銀號辦理。其普通人，無論農工商，若有幾百元幾十元之通融，可用抵押或人保方法。息借月息約在一分五釐以上，二分五釐以下，其無抵押品，無人擔保者，常向放印子錢者借貸，其利息大小不一定。市面經濟情形，有以上各種通融辦法，僅可維持現狀；若有銀行在該處設立，鄉區辦事處，一面辦理儲蓄，一面辦理小本低利貸款，則市面經濟必成活動狀態，工商或可藉此發展。

天津縣屬楊柳青鎮鄉土之描寫

天津縣公立第六十小學校 郭維楨

楊柳青是天津縣屬西區之首鎮地據要塞人稱繁庶茲略述其梗概如下

歷史：楊柳青鎮原名沽流口傳述係燕王畔北時有周梁宋董四姓家族遷居於此建村於南運河南

北兩岸迄今該四姓仍爲地方望族洎清廷乾隆爺下江南溯南運河流而上駐蹕該鎮有鑾沿河兩岸之楊柳青青堪爲地方風景之特點故乾隆改稱沽流口爲楊柳青鎮歷來人物殊鮮足稱惟清李拳匪之富紳石元士維持桑梓成立保甲局按户出丁輪流值夜自衛地方組立議事會集合各界人士共商

地方事宜實施自治支應各國聯軍石紳幾至毀家紓難其慷慨義勇中外同欽致地方民衆平安渡過未遭搶掠殺戮之殃嗣後伊復捐資興學立有私立中等學校華華學子俾獲深造是以清廷因其熱心公益曾賞賜四品卿銜其愛護鄉土觀念雖三尺童子咸稱道之

地理：該鎮地據津西距縣政府三十里西南運河背負津浦鐵路及子牙河流北扼京師（北平）南控滄（縣）靜（海）勢據要塞綰轂南北既屬津縣西區之門戶實係津市西境之屏衛至有辛丑條約後而該鎮尤為軍事上之重鎮居民七千餘戶男女人口三萬餘口誠縣境之首鎮焉

交通：津浦鐵路之車站（天）津白（清河）（天）津保（定）兩公路南運子牙之河流均交相通達水陸稱便郵政局電話局設有多年然橋樑及飛機場尚為闕如

物產：該鎮統轄田地四百餘萬畝除南郊係堿地不毛外均屬良田歷年收穫頗佳近年農民普徧種棉年產三百餘萬斤沿南運子牙河流之兩岸田園尤

為膏腴出產的紫心蘿卜甜脆適口為縣境所無子牙河北一帶土地清季渾河大水為災淤平地淤墊泥沙丈餘深每逢朔風怒吼則黃沙蔽天地形凹凸之變遷有如沙漠之無定是以農民適栽杞柳橫豎成行（俗稱柳行子）面積廣袤約估二十餘方里該柳三年一剝枝做燒柴幹則截段入窰燒炭近年推銷

各地之杆子炭實為特產

經濟：該鎮農民約百分之八十點均租地種植終歲勤動仍不免凍餒民生主義何日能實行到鄉農村裏去農民之望眼欲穿矣商業惟有電燈公司經營

經理春溪苦心孤詣慘淡經營現在營業勃發未艾際此科學昌明將來地方振興實業則有賴於電力

者良多多矣

政教：該鎮除縣屬第三警察所負責維持地方公安外餘如自治自衛組織之人民團體無一有自治自衛的學識能領導民衆為地方謀福利者際此訓政行將結束憲政乃將開始時期民衆何日能訓練濟於完善尚難逆料教育現狀各校均以經費拮据殊

鮮進展公私立男女學校雖有十二處縣立短期小補學班三處失學兒童仍佔百分之五十然地方尤需要中等學校之設立青年學子多廻於環境不能深造是以負笈津市中等學校肄業者既居少數大學校畢業者殆爲鳳毛麟角若是地方欲求發展改進戞戞乎難矣但地方設有救火水會十一處偶有失慎者

火警各水會即鳴鑼糾集在會人員不分晝夜咸各袒胸攘臂持救火工具前往撲救冬不避冷夏不避熱頗有民族意識之表現苟能因勢利導擴而充之不難民族精神之恢復也

宗教：地方回教人極少基督教雖立有教堂多年迄今僅有教徒七十餘名惟理門頗盛該門信仰

者為南海大士禁忌者為煙酒近年吸毒品者皆由吸煙而染故為家長者莫不督促其子弟進入理門禁絕煙酒為先務寺廟有僅藥王廟關帝廟等每逢廟會之期香火頗盛餘則多改設學校全鎮尚有和尚二名尼姑五名然該鎮河南建有文昌閣閣高有三層高約五丈餘狀六稜圓形河北藥王廟前建有牌

坊一座二者對峙古形古色為地方生色不少

娛樂：鄉村無多饒有意義之集會惟每年中秋節時較為熱烈因農民均在收打莊稼是日咸行聚飲狂歡頗極一時農村之樂

餘如婚姻喪葬祭祀等仍沿舊制農工商婦女等尚屬勤勞誠樸慈善方面則有紅卍字會旅新備濟會

掩骨善社並附恤產會等

結論

楊柳青鎮既屬津縣首鎮地勢扼要人稠繁衍然值此民主國家自治制度完善時期然社會無一有表現新興之點尤其民衆缺乏自治之訓練是以令人不免有今不如昔之感如己往夾岸楊柳之青青今

日竟無此宜人之風景寺廟及文昌閣牌坊之建築雖無補於社會人生然近年又何嘗有此新建設即如造就人才之所在地改進地方之出發點的學校均藉寺廟設立無一新建築者呂氏尤有進者石氏私立中學校停辦後迄今縱爲地方最需要點而竟難恢復若是現代係進化歟退化歟吾不得而知也

語云人存則政舉人亡則政息信有徵也耶

大任莊

縣立第十六短期小學校　王冠英

地理

大任莊、位津縣之南、跨衛津河之北岸、人口約二千許、大多以耕種為業、為一純粹之農村、

交通

水路有衛津河、北至津市南門外海光寺、南通南鄉一帶、為海河之支流、衛津橋駕於其上、木身石柱、頗為壯麗、舟楫往來、只能通行北段、南段因水淺河

窄、僅可作灌溉之用、每屆春季、雨水短少、河水涸竭、因之交通及田禾飲料頗受影響、陸路四面皆通、惟道路崎嶇、車馬難行、運輸咸感不便、

教育

本村雖接近城市、而文化頗不發展、蓋因交通不便之所至、學校僅有縣立短期小學一校、於民國二十五年設立、然農民思想簡單、風氣不開、故對學校

故事

教育、尚不十分注意、

自有大任莊時、既為范柳魯三姓所居、其後又有他方吳姓者、亦居於此、魯姓某素性無賴、因見吳姓軟弱可欺、便大施其強暴手段、舉凡吳姓之家畜等盡可殺之為食、稍不遂意、非打即罵、吳姓因宗族稀少、不敢與之抗橫、而魯某認為有機可乘、更肆無忌憚、較前益甚、吳姓某、因其横行無忌、不甘忍受、思以報復乃持木棍立於門後、待魯某索雞時、乘其不備、以棍斃之、自首於縣衙、以殺人罪正法、其後人、因感祖宗之德、群以好漢爺呼之、每屆清明為之掃墓、至今猶然、而魯姓數十户、老衰少亡、無一存在者、噫豈非天理之果報耶、

茲將學校所在地東西姜家井村有關鄉土材料者分別列述

一交通　自津市西營門沿津保公路西行約十里即須經村中村北為南運河南岸村南道路縱橫聯絡津南及靜海各村運輸以騾車為主

二物產　農作物因附近塋地佔大部穀類產量不多園圃因臨運河便於灌溉收穫尚豐村中住民十

分之四經營手工製紙生活原料以津市廢紙為主除粗製皮紙供給津市外間有精製漂白者津市綢緞莊及茶藥店之包裝多有用之者每年春夏之交即有三數家稍具資產者收買榆槐樹葉及茶葉顆(土)名晒蒸土製茶葉供給津市茶店惜製者默守舊法近年頗受日本粗茶影響銷路有時駐津法軍亦定購供軍用

三娛樂　昔時歷年附近各廟會尤其在天津皇會時有捷獸之表演其中計一雄獅四雌獅四小獅相傳曾受廢清乾隆提倡極盛一時動作靈敏技術精良近因農村不景氣無人提倡角色已不復如當年美

四慈善衛生　東姜家井有施種牛痘向每年春末附近十數里各村嬰兒多往種痘並有施材社附近

路斃及貧苦死亡者多往請領

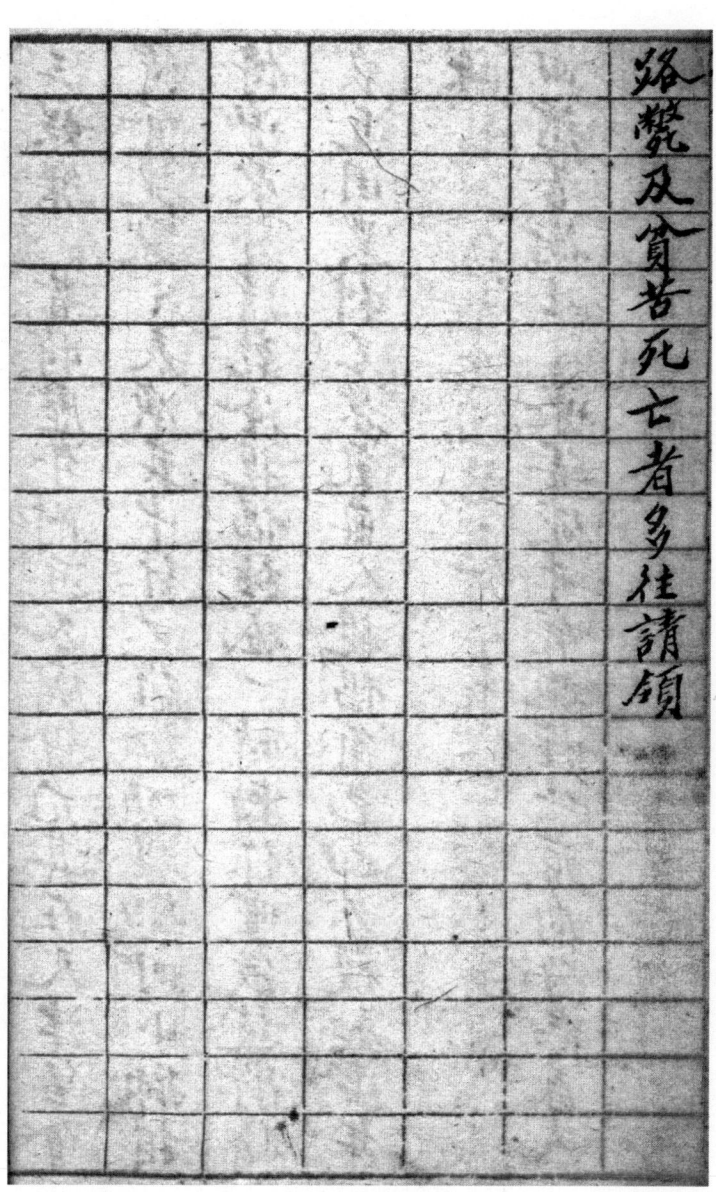

天津縣立第十五大梨園坨短期小學校

大梨園坨調查概況　韓雲汀

土地龐大的，物產富饒的中國，各地方的語言、宗教、政治、教育、風俗、習慣、物產等；當然是不同，可是學校裏同拿這課本內容，來適應各地方的特殊需要的唯一材料，恐怕不適用的地方太多吧？如稿子，青蕉，甘蔗、等我們北方是不會生長的，而北方的學校，要研究這些教材，無論教師怎麼優良，學生怎麼聰慧，絕對是得不到好成績，要想避免這種毛病，而鄉土教材，可算是唯一的救星了；但是這種材，必得由教者的熱心，在普通教材不適用的時候，即可利用這個時間來，實施他，我想兒童一定很感覺興趣的，然而教者宜事先調查清楚、以供參攷採用、現在把本校的所在地—大梨園坨—大概情形分述如下：

交通

本村的東面於民國二十五年四月間，國府通令各省亟亟建設公路，以便利交通、所以冀省亦提築平津、津沽、津保、津塩四大公路、臨村的這一條、便是津塩公路，北經過高家庄、王蘭庄、李七庄、八里台而達天津，東南經過大寺、盧北口、小孫庄等地，而達盐山、山東。向東由大道可通門道口、張道口、後道口、泥窩庄、大任庄等（縣立第十六短期小學校）西北可通王姑娘庄、大小泥庄、吳家台、鄧家店、辛家院、蔡家台、十四區警察所、邊家村等、

西南適清寧河，大小泊團泊灣頭台頭等並，且還有一条赤龍河以截斷村之少半形成河南河北由本村建築的小木橋而來往

名勝

今村東南八里許，有一座破爛不堪的廟宇，就是在河北很馳名地的峯山廟，調查這廟係屬私產，孫氏家廟，外人是沒法承繼

的，傳聞在前三年間，因這廟的和尚ㄨㄨ，耕種廟田，在收穫的時候，傭工於鄰村的少婦幼女，恰巧這些無知的女人們，在工作的時候，吞吸紙煙，不慎，以致發生火警，廟的大殿配房等，一齊焚毀，每年雖有不少的收入，但是ㄨㄨ因他行為不檢，放辟邪侈，無所不為，了所以把修廟成了不關緊要的問題，天津的佛教會，在今年的四月間，發起修廟，工程是沒完後，便到了廟會，—舊曆四月廿七日—東北面用席棚造成房屋於道的兩旁，儼似都市一般，這些紅男女，都抱着大無畏的精神，來進香，而本村的同胞，亦不能例外，

特產

在河的兩岸，大多數種些黃葉韭，調查這種種法，在今年的春天繙種，生長夏秋兩季，亦不割去，到初冬的時候，先用籬笆圍着，以蔽强風，然後把韭葉割去，加上肥料，叫日光晒熱的鬆土埋上，冷時用稲簾蓋好，以為禦寒的唯一物，每日九十點時，把簾子撤起，用手或竹籤把理好的韭苗露出，一面晒土，一面晒苗，至太陽夕下照樣的把地蓋好，如此月餘，韭苗便可吃了，割下銷售於津市，以供給人們非時的食用，這便是第一刀，二、三、四、三刀，也是這樣，到第五刀時，普通風伏貨已見於菜市，而地便不能再割，以為異年的種苗，可是這種的種植法，雖沒有科學的研究，亦可說是一種科學化的影響吧。

西鄉卞家莊的沿革及古蹟誌畧

私立十二 孟繼慶

卞家莊的沿革

卞家莊位居津市之西相距約有十二三里該村建於南運河北岸全村的面積約有二十餘方里東接趙莊西鄰曹莊南界南運河北界子牙河為天津縣西鄉沿運河岸著名的村莊卞家莊創建的年代據

村中耆老言稱始自明朝中葉迄今已有四百餘年了在此期間内村中的事物經過不少的變遷其比較重要的一為村址的遷移一為村名的改稱據村人相傳卞家莊原不沿運河係在距現今村址北面里許之呂彭城的附近後因連年患水災村人感覺任居該地諸多不便遂於清代初年遷移運河沿岸

清末咸豐初年距今約有七十餘年太平天國北伐津縣的西鄉大半為該軍佔據卞家莊在運河北岸不便行軍因而未罹兵燹是時西鄉一帶被難的民衆率皆避難於此後清兵以打野鴨的排鎗擊退敵軍於小稍直口清兵因該村得勝遂改小稍直口為得勝口彼時卞家莊最為平安因而被難的民衆改

卞家莊為太平莊惟数年後不知因何故復改稱原名迄今仍沿稱卞家莊

卞家莊的古蹟

呂彭城在卞家莊正北約有里許相傳呂布彭越曾駐軍於此現今該地已成田野無顯然城郭之痕迹惟該地比隣近土地較高地之表面及土中尚遺有許

多破碎磚瓦據村人傳說此即當初呂彭城之舊址

天津縣王藍莊鄉土述略

天津縣第卄三短期小學校 李恩洪

(一)位置及沿革：王藍莊位於天津縣之南鄉，距津市南門僅十八華里，新市區李七莊之交界地也，衛津河河流經過該村，為津靜往來之要地，去歲完成之津滄鹽公路，亦由此村經過，南至靜海縣縣境僅二十餘里，為冀魯之要路，南北之咽喉也，相傳此村之原始，燕王掃北時，有移民王藍二姓者，居留此地，後人因以為村名，全村共七十四户，居民人口五百三十八名。

(二)物產：本地出產，有農物水產及特產工藝品等，茲特分析如下：

(A)農產以大麥、小麥、高粱、玉蜀黍、豆類、穀類為普遍，年来亦有稻米之出產，然不甚多，菜蔬則有白菜、韭菜、洋葱、大葱、土豆、蘿蔔及各種瓜類等，與各區相同，無甚差別。

(丙)水產則有鯉魚、鯽魚、白米蝦、螃蠏等，行銷津市，頗蒙一般嗜味者所稱讚，因該地所真產之魚，味美而翅軟故也，賣魚者曾有閘窪魚賣面條呵之叫賣聲，由此可想見矣。

(C)私鹽：該村之東，地多鹽質，不適于五穀之生長，一般貧農，無地可耕，因生活所迫，相習製造私鹽，法以地上之土，含有鹽性者，刮於筐內，填之池中，少頃池上灌之淨水，少頃則水滴于池下，以鐵桶擡回家中，用火煎之，則鹽成矣，然稅警緝私甚嚴，常被捕去，打罵之外，尚有重罰，嗚呼盐民，亦云苦矣。

（四）

磚瓦：津市建築用之磚瓦，多自該地用船隻載來者，該地有磚窯十餘座，有轉盤窯、梭窯之分，轉盤者以磚建築，梭窯者以土建築，轉盤佔地最多，資本最大，工人亦得多用，梭窯則次之，磚瓦有紅藍之分，又有方磚料半行磚底瓦蓋瓦銅瓦各種名稱，近數年來，又有機器窯之設立，故又有機器磚之名。

私立第十六章氏小學校

天津縣西鄉疙疸村之成因

孫慶瀾

蓋聞人民之聚由少而多，村落之成，皆有緣因。夫疙疸一村，溯在三四十年以前，並無此村，獨有關帝廟一座，建築壯麗，津縣罕有。後因貧窶人民漸集棲止，日積月累，遂成村落。但民風滯塞，好勇鬭狠，學校之設，即在此廟。身臨其境，見聞較詳，村落之成，大概如

此

[illegible]

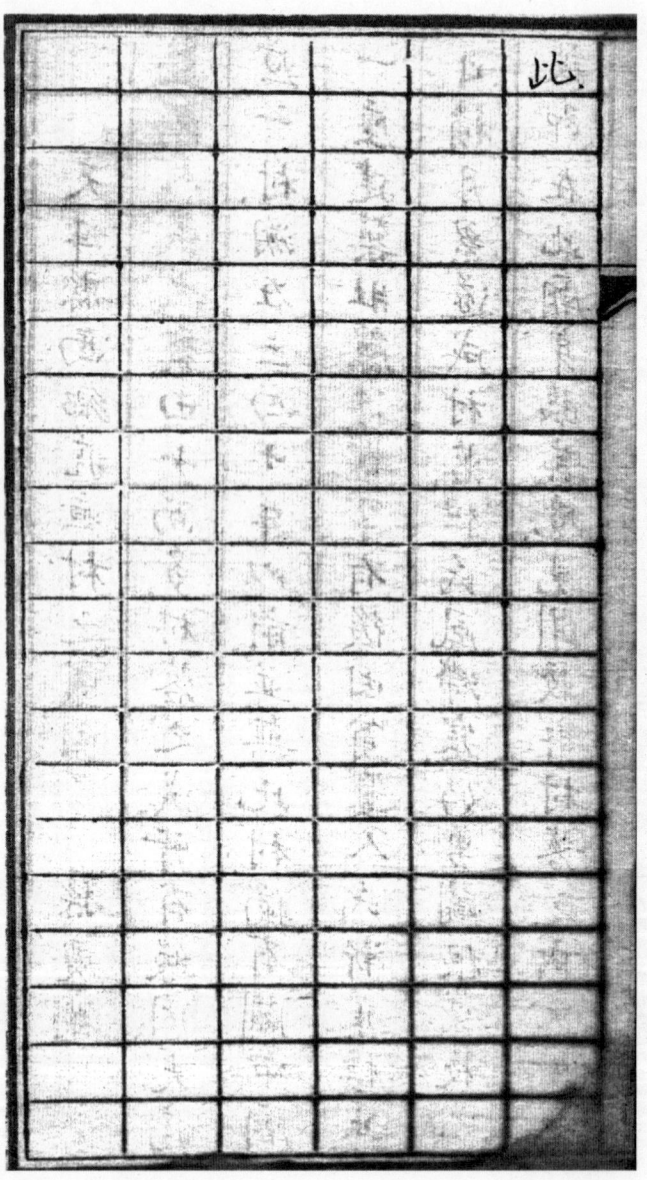

天津縣西鄉民生狀況之一斑

私立五發孫聚隆

天津縣村民，有以看墳地過活者；尤以西鄉為最多。

墳地主多為天津市富户，購地設塋，令村民看守。凡墳塚、塋牆、樹木等，看墳人均須負看管與塋地毗連，尚有田園一十餘畝數十畝不等

｜命看墳人自種自吃；但所有權，仍歸墳地主·看墳人有看一家墳地者，有看數家者，故其所得種之田園，往往甚多，而其生活，頗感富裕。

墳地中之塋牆，除少數用甎瓦建築外，其餘多用泥土建築；此種泥土塋牆｜連墳塚｜每年重春季，重修一次，需要許多工人，即僱附近村民，於是一般貧民，又可藉此收入些生活費。

以上為普通情形，尚有具特殊情形者：偶有年限久遠，墳地主死亡殆盡，看墳人即將田園，收為已有，永遠為業。

此種民生狀況，富者支出，貧者收入，其亦

可謂節社會之經濟乎？

鄉土教材　公立第三十七小學校教員邱汝栻

北斜村位置在天津市正西在楊柳青東部南鄰疙疸村北臨運河本村分為三部曰中西東氣候温和人口共有一千餘人為天津縣第三區所管轄

本村經濟狀况頗屬貧苦務農者佔十分之九為商者佔十分之一本村務農職業多為佃戶每年除納租外所餘難得温飽每到春秋兩季農事頗忙

冬季裏，載車赴津販賣青菜，爲商者月掙日食，經濟亦甚困難。婦女每日除縫紉、烹飪、煮茶、育嬰兒外，其餘時間，供給工廠紡羊毛、撚麻繩、鎖綫襪等，得資以補家用。

本地交通尚稱便利，陸路有大車、人力車、自行車，水路有帆船、小輪船等。

本村迷信之風很深，信奉佛教、道教的很多，所

以廟宇和巫院遍設林立直至現在還沒取消每到初一十五仍行奉祭

本村風俗如婚娶舉行年齡普通在二十左右、最小在十五歲最大在三十左右舉行儀式頗煩男方預備如衣服被褥、弓箭板斗彩轎催妝禮音樂鼓旦吉期迎娶女方必須預備衣服妝奩、子孫燈、喜桶等在結婚前一日送往男家婚後富者有回門之禮

即新婦挈夫歸寧女方當備盛筵款待貧者即無此禮須在對月歸寧新婿則不往也新春請吃年茶之風以補未回門之缺典

喪禮人將終時必須燒化紙轎意在坐轎升天及終穿戴壽衣預備棺槨停於室內全家痛哭畢即換孝服男侄輩往村中土地廟報廟長子托着托盤中置酒和黃錢以為報告土地爺亡人已死回來時

見人叩頭以免亡人之罪終後二日夜間延請道士念經謂之接三每七天謂之一期在第期前一日即須念經出殯貧者不舉此例

本村慈善會如理公所有信義堂係津市老公所的分支其中組織有堂長一人副堂長一人下設幹事五人其餘都是會員他的宗旨為戒除煙酒勸人為善每年在九月十三日招募會員謂之擺齋入

會時手續繳會費一元其餘無任何消費並且很能輔助地方上公益的事業如春季施種牛痘修築道路對於極貧者施材施藥白抬白埋等事項頗得村人之信仰故在村中佔很大的勢力

老人會種類很多大概都按所領發的竹籌長短寬窄繫的繩顏色為辨別類別不下十餘種目的為救濟貧家喪葬的費用籌款的方法在會的會員

發生喪事謂之倒籤、先向會頭報告、再由會頭命小會頭按在會的會員各家分散、會籤期限六日為滿、如期滿不能交納者訂有罰章、故會員違犯者頗鮮、所徵收之款會籤有半元的有一元的總計最少五六十元、最多者二百元上下此會在村中十家有九家參加、

本村的物產有高糧、玉蜀黍、粟子、秫子、穀子、麥

子青菜瓜果芝蔴棉花豆類等物
民國二十四年勵某種植葫蘆約有數十餘畝
其中有兩個奇特的葫蘆有一個大葫蘆約有一尺
五六高在他上肚和下肚的中間又生出兩個小葫
蘆來約有六七寸高又有一個大葫蘆生出三個肚
來約有二尺高這兩個葫蘆形狀優美可供令人欣
賞爲吾村中奇事也

天津縣公立第三十七小學校調查者邱鍾洵

孝子邱景華

孝子邱景華蒙

欽命直隸總督爵閣部堂李（鴻章）
欽命提督順天學政何（廷謙）彙題入奏於光緒四

年十二月十八日奉

旨依議欽此准其

旌表建坊入祠流芳千古

邱景華事略

天津王文錦撰述

邱景華者天津城西北斜村人也乾隆四十六年其父德民明一作因歲歉家貧赴關東謀食時景華年四歲依母紡績為生伊父去鄉十年餘未通一字迨景華十三歲時起意尋父請於母母以其幼也止之嗣見其時常悲泣因謂之曰汝欲尋父吾所願也但汝今尚幼足跡未曾出鄉閭一旦孤行數千里流離於

邊荒曠遠之區關山難越童子何知大可慮也即汝
不憚艱險而道迢遥轉徙他鄉旅資安出景華曰是
不難乞食而行何遠之有母壯其言而憫其誠也許
之歸期約以三年因請詢其父之狀貌名字年齒生
辰向族中措借制錢二千以為川資泣别其母而去
時乾隆五十五年三月初間也甫至關外即行乞而
食凡遇郡城市鎮或留數日或留月餘因行乞徧歷

其街巷多方訪問時適二年所歷數十處而蹤跡杳然其間飢寒疾病險阻艱難備嘗之矣且在城鎮多宿於廢寺危廊在道途多宿於荒林古墓魑魅豺狼屢瀕於死皆危而得安至乾隆五十七年四月尋至遼東途間乞食於車夫張起泰者因以情告述其姓氏里居並述其父之名字狀貌車夫躍然曰此予素好也今在鳳凰城內以鬻飯為業遂與同行至則父

子相認悲喜交集追述其家中景況與途中艱苦聞者皆為之流涕爰請亟歸以敘天倫之樂居數日父子同歸嗣後治產養親終身歡聚伊與父母皆壽享大年家日昌盛子孫蕃衍至今里中人猶樂道之以為天之玉成孝子俾之始終遂志而流澤亦孔長矣

鄉土雜湊

乙一 王燮

楊家莊是天津市西面相距九里上下的一個縣屬村莊牠以產花著稱並且因為距市很近所以一般人對於牠的名稱差不多都有相當的認識不過牠雖然距市很近可是因為交通的關係和思想的守舊到現在依然是鄉味十足無甚進步現在把牠的一

切介紹如下
一、關於吃的　每日三餐都很簡素因為風尚儉樸所以吃雞鴨魚肉除去有點喜壽事例外平時是要受他人譏議的這一天早上起身之後初步工作便是炊飯所選的原料約分小禾麵、五麵（玉蜀黍粉）和黍米麵三種其中以小禾麵佔多數這是

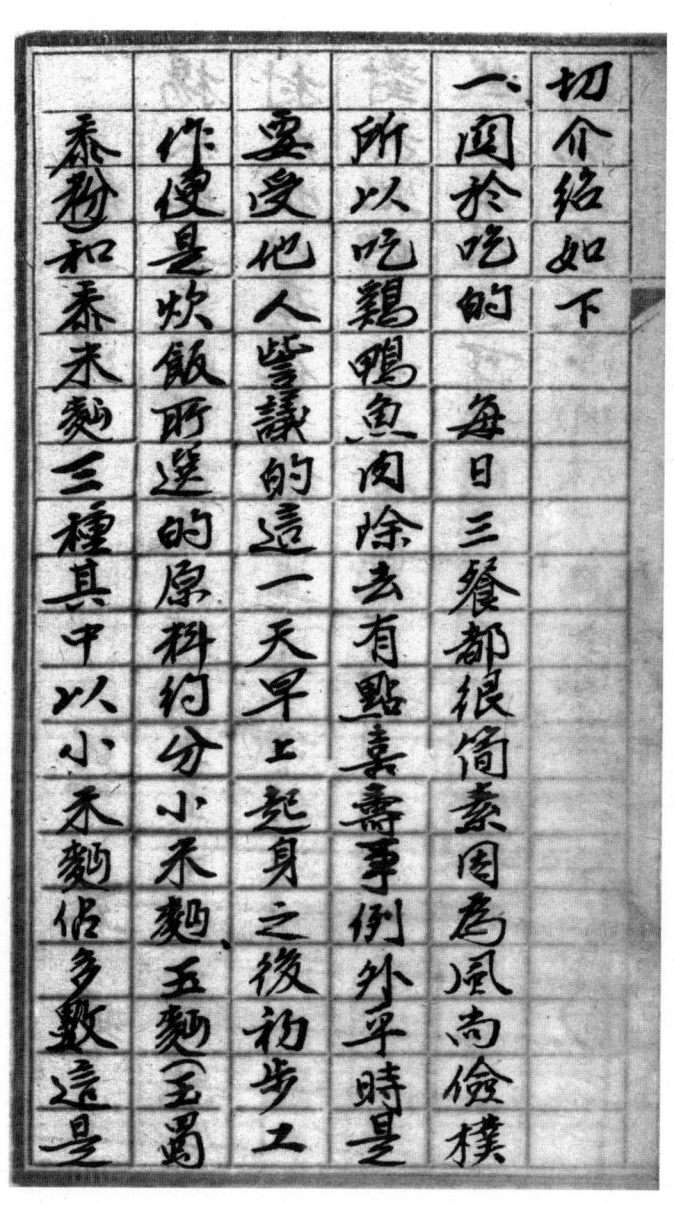

因為磨小米不需要大量的工具的緣故

二、關於穿的　穿的是土布紡織雖不普遍但是十之五六還是自耕自織不過一般較富的受了銀錢的慫恿也去做洋貨的承銷者但也是少數

三、關於住的　住的當然是以茅屋為原則可是也可以看到連片的灰的或熟的住宅

四、關於行的

行是鄉村裡最無辦法的一件問題因為地曠人稀的關係不容易找到平坦而合乎衛生的良好道路晴天還好一遇陰雨遍地黃泥跋涉費力因之有麻醬在此的綽號

五、關於職業及特產

鄉人的職業除去少數供職在市裡以外其餘的都是藝園繁殖花卉他們的

花卉中以"芭蘭"為最著名市裡花販所販的花都要到該村和一二個鄰村去躉買這種芭蘭培植的方法倒還簡單不過成本很大一棵普通的還有黃色一種置本要拾幾元錢但是該地的花戶有這花多的往往到二三百棵平常的也有幾十棵所結的花每天有多數的主顧——市中花販—

兜銷大花户每天所售得的代價要到拾幾元或二十幾元在冬季天冷的時候便是花户們的背月了花雖是很貴每元二十餘朵可是開的不多挑賣太重煤賣在內往往感到經濟的不足

六閭於治安和教育

該地雖是處在縣屬地位閭於治安方面還算不錯這不錯的原因並不是警

備雄厚乃是因爲河道的關係按該地沒有保衛團的組織警察僅僅四名那麼該地和附近不常發生甚麼擄搶行劫和綁架勒贖等事實想爲是因爲河道環繞不便逃竄的緣故按該地西南有運河北東有永定河不過賊匪喪心窮極生智難得有地利似乎警備方面還要充實才好　談到

教育很是可惜因為生活的問題他們對於教育可以說觀念毫無兒童們在家庭都有些適合工作每種工作都可幫助家庭因此對於求學便形成一種酬應式的局面目下經濟稍裕便叫孩子上學遇到農事忙迫或手頭拮据便實行暫停工作所以一個普通號稱好學的學生每年平均的

上課日數只到達全年上課日數的五分之四弱那富户的子弟也有一日不缺課的但只佔百分之一二而已

七 關於古蹟

該地的古蹟寥寥只有一座 三官廟裡面供奉的神像是堯舜禹村人叫做天官堯地官舜水官禹這廟的建立據該地的老年人説當

初有一位山西候補道楊壽楣奉母赴任途中遇
風岌岌可危忽見空中現一廟宇頹垣破壁殘陋
不堪於是默求神佑不久而風定得安抵任所後
三年於歸途中路經該地見此廟與向遇難時所
見者不差分毫於是捐款興修全身再塑相傳至
今便是現有的本廟後來在光緒年間由本地紳

氏和前贛南鎮守使李實忱先生創辦一個和天津市東馬路私立第一小學與城內鼓樓南私立第二小學是弟行的氏三小學在民國二十年改為公立

八關於宗教　該地所信仰的宗教大部還是佛教想是因為知識落後的原因但基督教也有多數的信

從這一帶便是因為接近市區的影響了

鄉土記零

一　引言

李先蓁

欲教育普及、必有賴於教科書、而教科書之編輯、非易易也、查我國各級學校之教科書、多為審定制、其目的在取全國一致、然因編者校者所居之地方與環境不同、故其所選之材料、或偏諸一方、或固執己見、非一般人所需要者也、故雖強力教授、其効果亦甚微也、欲挽此弊、非鄉土教材不為功、而鄉土教材之內容、多為地方日常習見之事物、設能以此教學、或較審定之教科書為有効、然亦未敢斷言也、余以不善為文、尤不善書、茲特勉綴數語、以為研究鄉土教材之參考、望主講先生有以教正焉、

二 交通

我村（即西鄉楊家莊）位於縣城（八國聯軍之役以後拆去）之西、東距天津市四五里、西至楊柳青鎮廿餘里、南濱運河、北臨津浦鐵路、交通四達、惟以地處僻

鄉、工商兩業不甚發達、而農業尚堪足道也、

三農業

我村居民、率多以農爲業、其產物以豆類高粱及玉蜀黍等爲最富、而麥棉等次之、其最精者爲園藝、而花卉之產額、竟超諸其他產物之上、實爲村人之第一富源、如春季之樹苗、夏季之白藍、秋季之菊花、冬季之梅花海棠及碧桃水仙等、其最著者也、

四宗教

佛教為我國三大宗教之一、相傳已久、故村人多以佛教為皈依、且有天地會之組織、每於農暇之際、聚於會堂之内、或習誦經、或奏音樂、其樂融融、有非城市中人所可比擬者、此鄉人集團生活之一也、

五　廟宇

我村之西、有三官廟焉、其歷史最久、惜未考為何時所建、内祀天官地官與水官、然未悉為何意也、廟之東側有小石碑、鐫為清末拳匪亂後、山西候補道楊

壽楣所重修、村人亦時加修補、得存至今、每逢舊曆正七十等月之望日、皆舉行盛大之集會及聚餐、必致盡歡而後已、此鄉人集團生活之又一端也、

六教育

我國教育之不普及、在鄉村視之、尤為最顯、然以我縣論之、我校之設、不為不久也、當時李公實忱及王公子喬、目睹兒童失學之苦、於心憂之、經長時策劃、竟於清末光緒三十年春、完其興學之大志、其時並

依法立案、定名為天津民立第三小學堂、自此而後、一般村民之子弟、及附近各村之兒童、求學有所矣、至民國十八年因市縣劃界、始改天津縣公立第一小學校、今名、成立已經卅餘載、畢業學生數百人、皆能服務社會、以謀自立、實李王兩公之所賜也、今王公雖歿、而其慨然興學、造福社會之功、當永垂不朽焉、

鄉土材料　天津縣公立第三十八小學校

楊詒謀

炒米店村之特產——畫

畫分木版畫洋畫兩種：木版畫年代較早，大約距今約有五六十年之久，他的發明，據說由楊柳青傳來，係以杜木製版，雕刻各種花樣於版上，由工人以色刷之，即將版上所有之線條，印於紙上，便成各樣的模型，然後再分發到本村或鄰村的手藝工人，塗上紅綠等顏色，即成所謂之本木版畫。他的種類，有年畫、喜畫、戲齣等。

但自洋畫侵入以來，木版畫漸漸落伍，現在

之所有者，僅為其少數之一部分而已。對於我國原有之藝術大有湮沒之處，殊為可惜。洋畫即普通以石版印刷之類，茲不贅述。

畫的銷售時期和情形　畫店的性質，分常期臨時二種：常期的約有十家左右；臨時的約有三四十家，畫商最多，銷售最暢旺的時期，在每年的廢曆八月至十二月初旬。每日的收入，合計全村約數千元，一般農民，得此副業的發展，藉以收入豐裕，對於生活問題，頗有裨益。總之，若再加以提倡，實更有莫大之利益焉。

炒米店的定名和傳說

在昔明朝燕王掃北時代，行經該處，既無河流，鑿井又不易掘出泉水，因之飲料，頗感困難，衹得炒米而食，聊以充饑，因此而得名。

公立第四十六小學校　潘文魁

鄉土地理　本校居於城西西營門外大覺庵村，就是接近天津市公立小學校之前政務委員會委員李賓忱氏之故里也，頗為熱心教育。

鄉土交通　前臨運河，後有津浦鐵路，交通頗稱便利。

鄉土物產

鮮花事業為本村特產全市的鮮花差不多全出產在本村類如每日市上所賣的白蘭花及各種草花還有廢曆年各家所用的鮮花亦出在本村玉芳花園主人周馨吾氏藝菊最有名亦就是本校的校董對於教育尤為熱心

鄉土政教

鄉公所保衛團公立第四十六小學校縣

立第三女子小學校青年會益友會民众學校

鄉土娛樂

金音法鼓在西鄉最有名在廢曆年正月十五日及三月十六日舉行男女老幼聚集非常熱鬧

鄉土曆史

天津最有名的就是魚李花李魚李就是李純暫置不論花李就是李實忱氏拆毀大覺庵

廟重建本學校皆老先生自己出錢所建築取消神像
當時村中父老反對的人很多可是老先生主持最嚴
其時迷信的人全以為神必要加罪然而證之現在足
見迷信不可靠也現時常村中人傳為美談此言也可
以說為本村小史之一

天津縣鄉土材料

私立十一 王毓崑

疏濬運河

運河為我國偉大工程之一、歷史悠久、南北交通之要路也、自糧運停止、淤塞日甚、每當三四月間、九宣閘提閘澆小站稻田、而閘口至天津一段、立即乾涸矣、不但船户恐惶、田園蔬果枯萎、而飲料亦發生重大問題矣、民國廿五年四月、省政府政

委李世忱先生、以鄉土關係、任疏濬之責、百方措籌、四十日而工告竣、從此西鄉居民可免乾涸之憂矣、

西鄉祁蔣莊

祁蔣本沿南運河東西並列之兩莊也、因具相距不足半里、遂聯合為一莊焉、居民約二千五百名、習性勤苦、多種菜為生、近年棉產亦甚發達、每歲產額約五六萬担、

機器灌田

民國十八年、莊民因地質堿滷、若不設法改良、影響民生頗巨、遂集資兩千元、裝置抽水機二架、引河水以溉田、結果村郊不毛之田六百畝、皆變肥沃、今他莊亦有起而效焉者矣、

周遇吉府

祁蔣莊南里許、有破瓦頹垣之丘陵一處、佔地足十餘畝、稱為周家樓、相傳是明末民族英

雄周遇吉故府、

李家花園

祁蔣莊村西、有延古堂李善人花園一處、佔地二百畝、園中道路用煤屑築成、設閘通水、花草林木、果樹荷池、以及亭台橋院、無不齊備精美、每當春夏之際、遊人如鯽、誠鄉人娛樂最佳之地也、惜被駐軍毀壞、不如早先完善矣、

營房遺蹟　充疸窪莊旁、沿津保公路南、民國五年前、有營房一座、廣約十數頃、扼津保之要衝、民國六年、運河決口、全部營房被水衝坍今僅留遺蹟而已、

公立三十一小學校　程航元

赤龍河考

我鄉有河名曰赤龍，係衛津河之支流，東自凌家口村起，中經前後楊樓、武家台、辛家院、蔡家台、王家台、曾家台、于家台、鄧家店等村，西止於陳邊村之間。惟據前輩相傳：最初時，其源原出運河，嗣經某種變故，所在靜海縣界流域，竟填塞而為畝畝，至今由陳邊村而西，尚有舊河痕跡，依稀可見，所餘下流，不足十里，幾將「赤龍」二字湮沒無聞。

近岸田園，頗得灌溉之利，但一至三四月間，輒因八里台一帶稻地，爭為戽水之故，以致源流涸竭，無法使農作物豐收。乃好事者謂為「赤龍即大龍，大龍吐大作祟時，河水必立盡耳。」其附會如此，抑何可笑。

沿河土橋六七座，橋洞皆係碗口般之圓孔，足以供流水與游魚之通過而已；若欲船隻往來無阻，使農民得兼營水運，以為副業，殊不可能。此誠赤龍河畔赤貧多之因素也。

津南區

天津縣　葛沽鎮概況　公立十三　殷桂林

境界：東距新城八里，距大沽二十多里，南距小站二十里，西距鹹水沽二十里，距天津市陸路七十里，水路九十多里，南臨海河下游，隔河与寧河縣之蘇家莊界。

地勢：為古代退海地，較天津市低下

形勢：為距形，東西長約三里，南北寬約

里許，約合五平方華里。

人口：二千多户，二萬四千五百多人。

交通：陸路有直通天津市大沽之津沽公路，為福興長途汽車公司自己修築，該路汽車運客載貨為該公司專有權，其他商運汽車不得通行，倘有一二汽車運貨經其路，不惟該公司糾察所不許，且許送往警察所究辦，其票價每位由天津市下瓦房登車到葛沽六角，到大沽八角，較津沽航輪貴不到二倍，幼童登車亦按成人票價，因之時有爭辯，而售票生不稍讓，償票不補足，不可行也。水路沿海河上游天津市登船直通到鎮東輪船碼頭，票價各輪船均三角。連上下輪船碼頭共需三角五分，較汽車速度慢二時至三時，汽車需一時三刻可到。輪船有外商經營國營兩種、外商有三隻、國營有四隻、外商經營者常滿座、有時幾乎不能容下、營業發達、因其船員水手招待周到、無粗野氣、而國營不很發達、因船員等以為我等係政府職員、對爾等小民可以用威嚇之、蠻氣十足、因多裹足、營業豈能發達、有司其覺乎!?利權外溢、誰負其責!其他尚有通小站大道、交通非常便利,惟屆冬季河水結氷、小汽船大木船均停航、閒有大汽船通行、亦必須帶撞凌船駁引路、近幾二年冬季氣候嚴寒、雖有海河工程局撞凌船來往撞凌、亦不濟事、斯時水路均停、而陸路非常發達、故福興公司多添汽車、臨時加價、較之平時利數倍耶—本鎮有二等郵局一處、附電報、電話、代售印花票等部。

商業：本鎮三板橋為商業中心，多洋貨店、茶食店、布店、油店、棉花店，雜糧店尤多，觸目皆是，均散居各處，酒店有二。

特產：河蟹、蒲扇草、桃

勝蹟：有葛沽八景，其一馬蹄井最著，距鎮西南三里許、有楊家岑，其地為古代退海遺跡，猶可考者蛤跡仍存，一片白沙，握一二尺

許即可得水、惟不湧、僅一勺之多、但取之不竭、味甘可飲、每至初夏河水鹹時、咸取於是每担之價約十六枚

宗教：多奉佛教、間亦有一二奉耶穌教神廟適全鎮、名稱太繁、設娘娘者有八處、

教育：昔有津東書院設於現在之葛沽官立小學、現在有天津縣立葛沽官立小學校一處、

公立小學二處、一為公立十三男校、一為公立五十二女校、私立志成私立和衷、私立養正共三校、短期小學校、短期小學班、民眾學校民眾婦女班、民眾問字處、民眾閱報處多處、尚有官立學校附設民眾教育館、有講演部、閱覽部、游藝部、

救火會：多舊式水箱、無新式救火器、無組

織、無訓練、臨時聚集、遇事不敏捷、往往遇災一小時後、救火會尚未到、有四處救火會、救火水箱十餘架

風俗：民風樸寔、近來出外經商者多、稍染城市奢華之風、惟老農仍存古風、婚姻多買賣式、商人生活稍安適、惟農人生活最苦、終日食玉米面者為最佳、其他皆粗糧、無所謂飯

菜之分

人物：徐金渡以善書著。性善，見義勇為，

蘇武燕字吉軒。

興教育，天津縣公立第十三小學校及公立五十二女子小學，皆為蘇先生親手創立，造福同鄉不可多得之人也。民國八年蒙直隸省長曹，津海道尹似，教育廳長王，各獎勵於有功教育之匾額各一方。至今仍懸我校之圖書館內。

蘇之鑾字星橋，著有詩存三百首三篇。

國防要地：對岸為舊東倭組織之暫領區域。倘与日本發生直接衝突，為國防上最重之地也。

天津縣葛沽鎮鄉土述略

葛沽鎮小學校　劉峻

(一)名稱：——天津縣——葛沽：為天津縣之一鎮，也是七十二沽之一，位在縣東六十里。

(二)地勢：——適當海河南岸，海河(又名白河，為南北運河會合處。)是津縣最富庶之區，地勢十分扼要，是津沽路的中心點。

（三）交通：—非常便利，水路：乘輪船上行，須三小時即可至津。下行可達大沽。陸路：坐長途汽車，須一小時，即可到津。交通方面，可説四通八達，殆非過論。出葛沽東平門前行，可至大沽，距葛三十里，出西平門行走，可達鹹水沽，距葛十二里，出南平門西行，可到小站，距葛二十里。

(四)物產：—以產稻米蜜桃為最有著名，而產量最多，稻米之優和小站稻米抗衡齊名。水產以泥鰍魚為最多，每年輸出外洋各國不少，河蟹亦是有名，蟹大而肥，味美可食。蜜桃味甜美，故人爭食之。

(五)經濟：—本地務農和營漁業的佔大多數，為工商的次之，農民生活，簡單樸素，經濟都很充裕。

（六）勝蹟：一本地除農田林木天然風景外，還有一座馬蹄井，以形狀像馬蹄得名。井的面積雖不大，而井水澄清，可以鏡人，源泉滾滾，取之不盡，用之不竭，大有可觀，水味甜，鄉人爭飲之。

（七）政治：一縣公安局（第六區）二十九軍旅部駐防。

自治：一商務會，鄉公所，保衛隊，救火會。

教育：—葛沽鎮小學校　公立四十二女子小學
校　公立十三小學校　私立志誠小學校
私立和衷小學校除以上各校外，就是私塾了。
教育約分三種如下：
ㄅ.學校教育：—以葛沽鎮小學校為完備，規模較
他校為優，校內設備全，功課遵定章，有六個教室，教

職員十二人，學生共有四百餘名，每屆招生時，不能儘量容納，殊為可憾。

文、民眾教育　舊校附設民眾教育館，為公共閱覽的機關。館中書籍不下萬冊，分門別類，陳列有序，新聞報紙也陳列報架上，無論男女，隨意入覽。

民眾班：學生人數也很多。

婦女班：—學生有五十餘名，他們對於縫紝一科，探本追求，細心研究，頗感興趣。

講演所：—在葛鎮小學校內的中山堂，每天晚上，聽衆人數很多，咸抱樂觀的態度。

〩、義務教育：—為救濟失學兒童起見，在校裏設立短小班：—男女學生約有七十餘人。

（八）宗教：——本地人民信仰佛教最多，廟宇有十八處。

（九）風俗：——本地婚姻喪葬，都很樸素；民性醇樸，風俗善良。

（十）娛樂：——娛樂場所有新民國劇社（座落本鎮的北街）同樂劇園（座落本鎮娘娘廟西）

萬校附設民衆游藝部，陳列圍棋，供給民衆娛樂。

五

天津縣葛沽鎮鄉土拾零　閻鼎彝（葛沽鎮小學校）

關於鄉土材料千端萬緒足以敘述之事甚多但倉促之間既感考據困難時間又不允許難得有系統之記載茲謹將記憶所得零綴於後

(一)葛沽鎮乃天津東通海口之一重鎮前為縣佐駐在地

（二）葛沽鎮俗有小江南之稱

（三）葛沽八景：慈閣朝暉、平潮晚渡、水流三帶、柳影九橋、行宮禾黍、海艘帆篷、魚鹽舊跡、蛤岸遺蹤、

（四）出產以稻、桃、棉花、棉子及蝦醬為大宗，並甚馳名。其爐乾、梭魚亦為土產之著者，爐乾以邊姓者為最佳。梭魚有泥腸、淨腸之分，淨者腸亦能食，民間嗜

此甚感嘗有能舍老子娘不舍梭魚腸之諺云

（五）「廟會」本地人士篤信娘娘每年舊正有娘娘會之舉共有寶輦七駕分在各茶棚先期設擺各茶棚皆有法鼓以為音樂是為坐樂會尚有耍樂會者即高蹺、秧歌、龍燈、獅子、旱船、小車等會不下十四五起之多均在設擺日期沿街耍舞歌唱善男信女分路進香磨肩擦背行走為艱緣遠近咸來一般小販莫不利市三倍設擺後定期接駕所有耍樂坐樂寶輦等澈夜聯合遊行盡情狂歡至天明共止娘娘廟統計數日內公私所費約三四萬元之普其目的故為農閒之一種娛樂娛樂之意義不無可取蓋鄉閒寂靜非常經年勞苦決無娛樂之可言趁此農閒機會

聯合為娛樂之舉動固實為人生之需要但以迷信為其出發点是又不敢茍同倘能稍變方式則固不失為正當娛樂也但如是消費則尤不免有勞民傷財之譏事實如是不過藉此以窺風俗之一般而已

天津縣—葛沽鎮概況　公立十三小學校　金永興

境界：東距新城八里、距大沽二十多里、南距小站二十里，西距鹹水沽二十里、距天津市陸路七十里、水路九十里。南臨海河下游、隔河與寧河縣之蘇家莊交界

地勢：爲古代退海地較天津市低下

形勢：爲距形、東西長約三里、南北寬約

里許、約合五平方華里
人口：二千多戶、二萬四千五百多人
商業：本鎮三板橋為商業中心、多洋貨店
、茶食店、布店、油店棉花店、雜糧店尤多、
觸目皆是均散居各處、酒店有二、
特產：河蟹、蒲扇草、桃
勝蹟：有葛沽八景、其一馬蹄井最著、距

鎮西南三里許有楊家岑、其地為古代退海遺跡、猶可考者蛤跡仍存，一片白沙、掘三尺許即可得水、惟不湧、僅一勺之多，但取水之竭、味甘可飲，每至初夏河水鹹時，咸取於是，每担之價約十六枚

宗教：多奉佛教、間亦有一二奉耶蘇教、

神廟通全鎮名稱太繁、設娘娘者有八處，

教育：昔有津東書院設於現在之葛沽官立小學、現在有天津縣縣立葛沽官立小學校一處、公立小學校二處、一為公立十三男校、一為公立五十二女校、私立小學校三處、一、私立志成、二、私立和衷、三、私立養正共三校、短期小學校、短期小學班、民眾學校、民眾婦女班、民眾問字處、民眾閱報處、尚有官立學

校附設民衆教育館，内有講演部、閱覽部、游

藝部

天津縣葛沽鎮小學校　左中和

葛沽距天津市七十里、東近海濱、北依白河、街長三里餘、溝渠橫陳、有九橋十八廟之建設、文風甚盛、故有小楊洲之稱、

距葛沽正南八里楊岑子村、其地質除砂粒蚌殼外、並無黏土、據該處土人云、此井係昔時燕王帶兵至

此、天氣酷熱、人馬無水可飲、是時燕王所騎之馬、用蹄掘地成穴、水自穴中湧出、雖千軍之衆、亦用之不竭、得以止渴、故名曰馬蹄井、查該井係人工所掘、約四五尺深、成斜坡形、以便取水之人上下、水深四五寸、用器舀取、舀之不盡、取之不竭、從表面看來、其形洽是馬蹄、按其形、取其名、亦有之矣、上古林魚港、距葛沽三十餘里、面積長約二十餘里、寬亦相等、每交夏季、該港水面上常浮一種乳白色水皮、該處居人撈而食之、膩滑如夏季市上所售之涼粉耳、該港有此良品、故所產之魚、蝦、蟹、具都肥美、所產之梭魚、尤為特色、然其腹中之腸、鮮紅如染、潔而無泥、故沿港居民多喜〔食〕之、常聞人云、捨了老子娘、

捨不了梭魚腸、可見腸之美、又勝過其肉遠矣、

荸薺亦為葛沽及鄰近各村之土產、成熟期於春末、然其體較南荸薺為小、不可生吃、因其粉質太多、味欠甘美、故人多以製粉、若煮熟食之、味亦甘亦美矣、每年產額十數萬斤、

鄉土教材　私立第十九志誠小學校張信一

葛沽鎮的特殊農產和水局

葛沽鎮是天津縣東郊的大鎮，距縣政府七十里，該鎮北臨白河，居民多從事農業，勤苦耐勞，生產非常豐富，除麥豆蔬菜外，要以桃和稻為大量之出品，並被各地人士共認為特殊農產，不過桃的成熟期不同，因之牠的名稱也不一，大概分麥紅桃、五月半、偏頭紅、伏香子、大秋白、白毛桃等。這幾種桃的種植，都用接木法。果實的滋味，清香甜美，為他處出產者所不及，真是令人吃一想二；每年運售天津市東三省北平上海等地的，大約值數萬元。

稻的著名，年代很遠，種類大概分大青芒、小紅芒・紅芒先熟，青芒後熟，相隔約兩旬・至小站的稻田，乃是清末周武壯公所開墾者・（在近五十年前）所以市上賣的稻米，俱說是葛沽稻，說小站稻的很少・此後果能對鄉村教育，儘量提倡，使一般農民，都有普通知識・

將來的生產數量，定能加多，農民生活，更能快樂了。

談到水局，共有五處：太平水局、公善水局、上善水局、永善水局、天一水局等是。每逢火警發生，各水局就鳴鑼，召集附近的農民，攜帶救火器具，趕赴火場，不憚勞苦，奮身撲救、可是不給薪津、純係因個個人以慈善的關念、組織起來的團體．不過以前的救火器、只有些水桶、三齒、和撓鈎等．近二十年内、有本鎮富户鄭麟孫先生用個人的錢、給五個水局各置一水龍、居民很蒙其益．由此觀之、該鎮農民和鄭先生、可謂慈善了．

天津縣立第九義和莊短期小學校張世英

小站

小站位居天津縣之東南部距海約三十里是若干年代駐兵之地數十年前乃沿海之鹼地寸草難生故少人户約光緒年間周武莊[壯]公（周天培氏）駐兵此地率領士兵人民開荒種稻後來人户漸增始成農

鎮。

該地有鄉公所的組織辦公人員皆為本鎮或鄰村之首戶富紳並有輩輩相傳之弊至其家業破産止方改選別人此亦為其他鄉村之一種通病。

糧食市是熱鬧的所在並且那裏的生意亦極興旺差不多百里地的商販如唐官屯青縣的都集中此地

來售賣附近各村到這裏來購買的也不少。馬集也是同樣熱鬧集鄰村的人到這兒來趕集的也不少。

本地的居民經過周武壯公的指導幾乎全數倚靠種稻生活所以稻米是本地的特產其質甚良可以說是全國聞名的。

白河的一個支流經小站的左近因為其水味鹹不

適於種稻周武壯公才領導士兵人民由唐官屯九宣閘開堿河一道直通塘沽流入海河長約百約里從此灌溉即感便利人民也得着甜水飲食了。除了這兩個河流之外尚有數道分流也有人工也有自然的所以除了無雨乏水的時候這裏是灌溉是不會感覺困難的。

距小站的四五里城河以南岸有周公祠這是本地的民衆建築的他們為了紀念他每年春秋兩季舉行廟會唱大戲或高蹺等會不過近年收穫不佳每年的兩次廟會減為一次甚致因地方不靜連一次都不舉行了。

本地的學校教育不什麼倡興因為學校是公立的

入校的學生不納什麼費以致人民誤認為義學他們說這是為了窮孩子而設立的以令子弟到學校讀書為恥所以有錢的每年用百元請個先生以教子弟中等人家即納費入私塾讀書並且對於學校毫無認識只知讓子弟多識幾個字做個帶腿的書櫥並且因為男家長大多數未受過教育的所以對

於學生的功課不加過問只叫女家長去向先生交際一切以致教學的老先生只用朦混的手段來找飯吃平通常先生的教法的定理有句俗語就是朦朧混攏恭敬內東原來是個好先生功課不稀鬆內東不恭敬學東不滿意碗砸落場空從這兩句話上看來就知當地的教育及本地人民的學識了ㄉ

天津縣立第一北馬集村短期小學校郭熇勳、

村名——北馬集村

位置——居天津之東南鄉，灰堆鎮之南五里許，東海河西六里餘，

來歷——明燕王掃北後所成之村落，今為津紳李善人所有權，以田畝大多數為其治產，居

民以何吕二族為主，

人口——一百三十餘户，統計約六百七十餘人，

風俗與人情——本村因交通之不甚便利，文化落後，民氣未開，婚娶喪葬，固守舊習，唯儀式簡單，崇尚樸素，生活方式，亦盡儉約之美風，教育不暢，故智識方面較諸他鄉，尤形低

陋，且民族性刁滑，言行不符，自我心理亦異於津縣諸鄉耳。

墳墓——村南六乂里，有墳墓一座，清末時理教張師天，頗有功夫，死前曾囑其弟子與其家人，謂「死後須葬於其繫棺之繩斷處，並於棺行時之路向，須視其香煙所向之處」，果爾，附近村

郭熇勳

民咸敬以為神，篤信至崇，故每逢新正初旬，多往焚香祈福，呼之曰張師父墳。

教育——

短期小學一校，民衆學校一處，正受教者，短期八十餘人，民衆五十餘人，然成立未久，統計失學兒童尚有二百餘人，失々民衆尚有四百餘人之多。

治安——天津縣第五區北馬集村派出所，只警長一人，遇匪犯時，由其督同壯丁，合力保衛，按地畝牲畜之多寡，分配輪流值夜，以施防範，

出產——以大葱白菜韮菜為大宗，大小麥，高粱，玉蜀黍，豆，谷，馬鈴薯等次之，

鄭鴻勳

四里沽村沿革及現狀

私立第二十八小學校教員陳兆咸

四里沽在津東南五十里傳由明代永樂二年始建村民多隨燕王棣自江浙魯北遷而來至今尚稱皂户初不過二十多家後來漸見繁衍至現在已有二百户南濱海河交通有津沽汽船學校有二一為私立第二十八小學校一為曾氏平民學校自治有鄉

公所自衛有保甲警察風俗醇厚父母喪葬多喜鋪張意若不如此不能盡其孝心除夕日人人皆至墓地請祖宗回家過年此大有追遠祖先之意義令人油然而生孝心也

海河流域人民之生活

海河兩岸人民務農者居少數操舟為業在多數或

以工商為業者然在內地尚少去關東營口安東者居多每年春去冬來或數歲一往返家屬賴以生活故有關東為第二故鄉之俗諺自九一八變起赴關外謀生者因受種種之壓迫致失業之人日益多矣

稻田

種稻最早者莫如小站因前清咸豐末年老勝軍統

帥周勝傳氏謚曰武壯後人皆稱周武壯公治軍是地時率士卒開闢荒地掘減河一道引御河水而滙通海河由此稻田日漸發達相繼開成稻田之處如葛沽如排地如小馬塲如楊家塲等處闢地日廣產米尤多此固由土脉宜於種稻亦由我鄉人培壅灌溉勤力得法也近又從實驗中得來一訣曰早字謂早

下種早插秧不惟收獲得早之益且免暴風冰雹之災云

果品

海河流域之果品以葛沽產桃為著名如五月半六月鮮伏香子秋香子而出品最佳最多之處莫如大小梁莊且不獨桃如杏如李如沙果蘋果葡萄等品靡

不有之近年又產一種白桃可做桃脯原料各村農無不種之至成熟期桃脯商派人至各村收買每百斤價值銀三四元然後運津製成桃脯可銷南洋各埠及兩廣福建等省出口額不下數十萬元也出品之地果樹成林一望無際開花時絢爛奪目如錦繡世界成熟時年景十分亦別有天地也

海河流域特種製造廠

特種製造廠為何郎大沽造船所是也始創立於前清咸同年間其初規模甚小只造航行內河之小汽船後來逐漸擴張至民國成立能造砲船及出海之輪船兼造槍械民十三年柴士文接任所長積極擴充努力改良遂發明三足架機關槍手提式機槍長銃

自來得等為現代最新利器內部組織正副所長以次職員九十餘人分一處七科共槍砲廠三輪機等八廠總監工技士以下及工匠千餘人每月經常費九萬多元能造機關槍五十架出品精良較之舶來品有過之無不及為國防上一大助也

天津縣李家莊鄉土之述略

廿六年九月　縣立第十九短期小學校李吉客

沿革：這個地方的住民據說是在明朝永樂年當靖難之禍從鄂省移民至此因為當時的住戶大都是姓李所以稱為李家莊其面積約一頃餘現在的住民不過八十多戶人口纔六百餘人

地勢與疆界：本莊位於海河之中距津五十里許

為津縣第五區管轄、共十三村、為一編鄉、及沿河的外五村、總共十八村、地形橢圓、為海河環繞、形如小島、而李家莊就在這島的中間、南部、南臨海河、又名廢河、亦稱老河、多年失修淤塞、兩岸退出之地、早為人民栽種了、北界海河、東鄰潘家莊、西連小劉莊、與縣屬巨鎮鹹水沽僅六里、交通：堪稱便利，茲從水陸二路，分述之：
水路：由距本莊的四里沽趁小火輪可直達津市的萬國橋，亦有輪船可達塘沽、大沽、營口、大連等。
陸路：有復興長途汽車，由天津市的下瓦房直達鹹水沽，並可通達其他各地，故交通

極為便利、

郵寄傳遞、乃由鹹水沽郵局信差每四日到莊一次、搖鈴為信記、

物產：以水稻為主要產物、其他如菜蔬、瓜菓、等而尤以桃、杏、西瓜、出產甚豐、行銷於天津營口等地、水產魚類、蠏蝦、等也復不少、

經濟：概括的說全莊的住民、都是以土地為生活、因得水的利益、生活的確不十分困難、土地的價格、每畝約值百元左右、每畝租價約六元或七元之譜、豐收時可得利三、四元、偶感天津災、則不堪設想了、亦有以打魚和養船為業的、不過為一小部分、

生活狀況：他們吃的是粗茶淡飯、穿的是布衣、住

的土坏蓋的房子、他們每天的過活、這一年的工做、也就是以春為首、當在晚春的時候、田裏的麥全已割去、農人們車水潤田、預備着佈穀插秧、當於農田忙碌的時候、每天早晨、受了布穀鳥的催迫、便趕緊起來、將浸透的粒粒如珠的種子、播到平坦的水田上、他們將水量分配平均以後、還要在牠的上面設了一種可驚駭的東西、拿稻草束成一個人的形狀、戴破笠、縛碎布、手持竹竿、竿端用苧麻繫着碗屑、和風起時發出一種聲響、好像是人立於田間、然預防那些有害的蟲鳥等、不時來啄食、結果還要用許多手續、耕、耘、耙、除草、施肥、車水等、使秧苗得到充分的養料、而發芽長大、插秧、分秧、等、直到成熟、婦女們同時也為着他們的忙碌，除了煮飯、燒菜以外，還要抽出閒空來，送午飯呢，就是稍長的孩子也要跟着他的父兄們，日出而作，日入而息的忙着，他們的希望是收成好，不怕天天忙，但是偶然，遇到災害，他們的勞苦亦就付之於流水了。

性格：不似都市的塵囂環繞，所以人民的性格不

如都市的那麽活潑、祇是沉悶、呆板、迂緩、但比都市
人民則誠實、忠厚、
娛樂：本莊因為距離津市甚近、且交通便利的原
故、所以娛樂方面無可言述、祇有冬季無事時、莊民
聚集一處、以國樂之笙、管、笛合奏以資解潮也、
特述：因為本地居民的生活完全來利用水、故卑

水遍地是以為灌溉的需要不過皆用牛馬等代替或亦有人來工作的、惟近數來年、多裝設汽滾子以為大量用水之需、所以當你聽了禿禿……的聲音不絕的時候就知道潮水了、此亦為我國農業發達、器俱改良、但汽滾子多為舶來品也。

公立第十八小學校謝恩詔

天津縣秦勾莊鄉土概述

秦勾莊鄉土教材　公立十八小學校謝恩詔

一歷史

本鄉、相傳、係明永樂二年、遷魯豫各省人民來居於此、藉農漁以為生、初只十餘户、蕃衍至今有三百二十六户、一千六百三十人、莊名、係秦家莊勾家莊、兩莊之合稱、緣庚子亂後、地方遂多事、兩莊遂謀攜手、舉凡學校警察鄉政、皆由兩辦莊合辦、遂合名為秦勾莊、近十年來、終以兩莊相距里餘、行政多感不便、除學校警察猶為共同組織外、其他鄉政、乃各事其事、亦即各名其名矣、

二 地理

本鄉臨沽河（亦名海河）左岸、古為黃河入海之處、故

地勢為冲積平原、河水繞流西南北（東）三面、成一大灣曲、儼如黃河套、宣統二年、海河公司裁灣取直、將北面鑿開、本區遂四面環水、形成縱橫十里之大洲、故軍閥時代、兵馬鮮有入此桃源絕境蹂躪者、

二 交通

沿河村莊、共有十三、以一徑貫通之、各河村與對岸

交通之渡口有八、除田家咀河上架大橋以通南羊碼頭、苑莊子河上架小橋以通北羊碼頭外、其餘渡口、均有常備之渡船、以渡行人、秦家莊渡河即鹹水沽、的西大橋、津沽汽車路在焉、西通天津市、東達葛沽、及東大沽、南可至小站、自劉家嘴渡河、即鹹水沽、凡十三村生活之所需、大半皆取給於此、柴莊子渡河

為西沽、再東行十四市里即葛沽鎮、王氏樓渡河
為鄭莊子、再北九里餘、即遼（北）寧路綫之軍糧城、又由
鄭莊子東渡、即東泥沽、凡由津浦路欲至北寧路綫者、
可不繞行天津市、經由馬廠直趨小站、來此渡河、即
至軍糧城、此渡口水量深廣、實佔軍事上重要之地
位、水路有小汽船、每日按時、由鹹水沽載旅客、往返

天津市一次、又帆檣往來不絶、交通極便、

三物產

物產以麥玉蜀黍為大宗、稻蔬菜果品次之、河濱產河灘葦、細而短者、供建造及燃料之用、粗而長者劈之以織蓆簍之用、除供給本地之用、販運他處者、亦甚夥、此外如黃葉韭、銀魚、紫蟹為歲暮之珍味者、亦有大

量之生産、

四　經濟

本鄉以農商爲生者居多、農佔全鄉户口的百分之三十、商佔百分之三五、工人及其他與失業者、佔百分之三十五、本鄉人民生活、原以操船業者居多數、尤以東三省、爲生活之源泉、九一八事變後、生命綫頻繈絕、不得不謀改業以圖存、以故荒地之高者植旱、低者種稻、農業大為發展、惟前面大河、後負郊野、野外墳墓纍纍、少有隙地、其發展之程度、終有限制也、商人多出外營業、若在鄉之肩負小販、終日遊街叫賣、不得一飽、幸對岸鹹水沽、有大規模的造紙廠、鄉人多入之做小工、稍得救濟、

五　政教

地方行政組織、有鄉政公所、以鄉長鄉副、里鄰長、董理鄉政、有警察維持治安、為鄉區第五所下郭莊派出所管轄地、鄉人組織青苗會、以看守青苗、設理公所、以戒除嗜好、並立老人會、以慰死濟生、公立學校、以教育子女、查學齡兒女無力入學者尚多、此亟宜救

濟者也、

六　宗教

鄉人大都皆信佛、有觀音廟一、附祀天后藥王龍王等神、一年之間、有廟塲數次、焚香頂禮、舉莊若狂、迷信尚未破除也、

七　風俗

古禮存於鄉党、對於婚喪祭、特別重視、結親、先須卜吉、納聘、請期、始能迎娶、親死、子女以侍奉在側、親視含斂、為盡孝、葬須卜吉、於發殯前日、或延鄉先生數人、襄行成服成祖主行祭各禮、禮從古禮、跪拜有節、升降有數、孝子加冠披斬、所謂素冠欒欒、蔴衣梟梟、喪者之容是也、此外延僧誦經、設儀仗、朱旛皂蓋鼓

樂喧闐、遊行里巷、此種奢易、實不如儉戚之爲得也、

及葬、親友必送至莊外、既窆、孝子臨穴而哭、盡哀始歸、

養老爲子之專責、無子者、或養於女、鄉風敬老之禮未泯、遇老而無歸者、或有解囊以救其急、或倡義捐、以卹其老、鄉莊大有其人、

繼承習慣、仍爲親子、或嗣子、親女鮮有覬覦遺產者、

交際通慶弔、卹苦

問疾、守望相助、通力合做、團結甚強、惟男女交際、仍守男女之德、婦女雖不欲與非親屬男子相接近、然小農家之婦女、常與鄉鄰男子合做工、故交際上、似較融洽、鄉人皆早睡早起、衣薄食糲、不以為苦、頗具勤樸耐勞之風、

八 娛樂

鄉人頗勤苦、少有娛樂之機會、惟遇端午中秋各佳節、必要輟工、市肉、沽酒、酬神、聚餐、極一日家庭之歡、尤其是度廢曆年、富有者、於衣食器具以及祀神之物、裝飾之品、皆先期籌備多日、即貧苦者、除夕之夜、亦要杯酒祀神、聚食餃子以為快、年賀後、親友之往來、酒食之徵逐、心情快樂、直至元宵節後始已、除年節

之娛樂、亦有安設播音機、暇時藉以慰勞者、亦娛樂之進步也、

九 慈善與衛生

慈善衛生均無專設機關、遇無告窮人、鄉之善士、常解囊相助、年終以米面賑惸獨、亦屢見不鮮也、鄉人近年多能注意衛生、於門庭街道、時加掃除、身體、亦

多有沐浴習慣者、春間小兒易生疹毒、即以當地所産之杜樹根、赤檉柳、蘆根等、煎湯飲之、若時疫發生、以明礬水醫之、咳嗽、以雞卵一枚、盌內調勻、加白糖少許、開水冲服、三次全愈、如患積滯、審其為何因、即以何物醫之、如米積、即以米燒灰存性、研碎服之、如麪積、即以麪條或餅、如前法治之、無不愈者、此皆不費

錢、又省事、而有奇效、鄉人常用之良方也、

十　語文

諺語：老虎帶念珠是假充善人　當河加籬笆是

蘭州借音攔舟　門縫吹喇叭是名聲在外借音鳴

謎語：咀角抹糖是田家咀莊名　南牆掛鏡子是

趙北莊莊名

天津縣前辛莊鄉土述略

縣立第三區期小學校 王樹楨

（一）名稱—天津縣前辛莊位置在天津東南距天津市僅三十五里。

（二）交通—陸路交通極爲便利由津市至鹹水沽由津市至葛沽由津市至小站之各汽車均從辛莊中間穿過如由該莊登車需洋肆角則

四十分鐘奇到達津市之下瓦房水路交通以距海河較遠頗感不便！

(三)政治｜有鄉公所警察派出所青苗會救火會等然派出所僅有警察四名殊欠鎮懾地面能力又無保衛隊之設幸距鹹水沽甚近一旦有驚則鹹水沽之駐軍轉瞬即至故數年以

來地面情形異常安靜並無匪徒驚擾｜

（廿）教育｜有天津縣立第三短期小學校並無公私立小學校故短期小學校每屆招生入學者甚形踴躍去年畢業者七十餘名本年新生有九十三名之多該莊西首有萬國道德會所立之普育女子小學校一處有女生四十多名

又有民泉學校一。即附設於短期小學校內有學生六十多名其他猶有私塾數處。

(ㄅ)風俗ㄧ人情敦厚樸素。性不好鬪對於親朋之喜慶酬酢力求圓滿周到。娶新婦用四人轎子吹手執事俱全。迎娶之日。親朋咸集飯後輒藉打竹牌之戲。以表示互相親睦并兼作慶賀之熱忱對於父母喪葬不惜多費金錢以求內容外觀之優美。而期臻於盡美盡善之域實合孔子慎終追遠之遺訓。又有樂善會的組織。村內有錢的人。遂意拿出錢來數目不拘由衆人公推會長一个。餘為會員。凡有益於社會民衆的事。無不為之。如修橋施藥恤老慈幼等會中事務由會長經理。但關於出入款項，遂時公佈，是誠善舉。因輸納錢者出於本身的樂意，故名樂善會也。該村亦有老人會的組織，平素拿出錢來作為儲蓄，一旦有事，可以應付急需。

（乙）宗教—居民咸篤信佛教，各家俱供奉神像，無論家中事務若何忙迫，婦女定按朔焚香禮

拜雖極貧之户每日亦必焚香一股焚黄錢紙
數張以表敬意本校招開懇親會時予曾向學
生家長再三勸導改革此項陋習近兩月以來
間有改革的不似從前迷信之堅決了！
(7)職業—男子業商者居十分之六然大多數
充同事夥友而個人出資本以立商號的甚屬

廖廖足以證明家有恒產者少以非市鎮女子
則無職業可尋純乎依食於男子然性好浮華
不喜勞作而勤苦耐勞實地作事的女子不可多
觀近年津市商業蕭條各店鋪率多裁員減薪
以是商人失業家居的約有三分之一既無恒
產又乏進款生活困難已可想見然亦至可憂

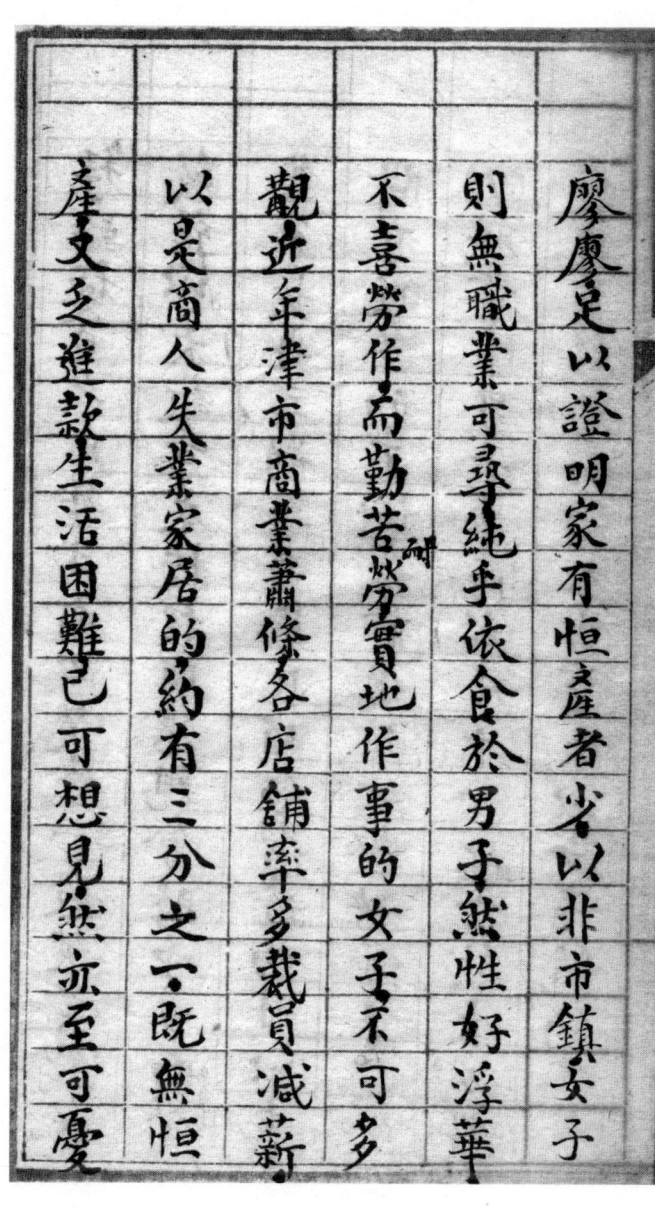

處的事故現在對於職業教育亟宜提倡以期救濟失業份子而求富國之基礎。

(8)物產——辛莊出產稻米甚多據一般人評論其質性之佳足可與小站之稻米相抗衡其他秋麥大麥玉米等亦出產不少因無特產茲不贅述。

北辰區

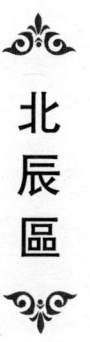

天津縣雙口鎮概況

公四　元之鈞

位置：雙口鎮居津縣西北隅，為第三區管界，東距天津北門三十六里；南距楊柳青鎮二十四里，北界永定河，西鄰武清縣魚垻口村五里。

氣候：為大陸性。夏日酷熱，冬季嚴寒，春季狂風將永定河氾濫時之淤沙掀起，直可使日月變色，此種現象，非本地人不知，亦非本地人不能忍受。前有浙人某因不慣該地氣候，竟辭去極優厚之家館職務，而避往津市，其風沙時氣候之乾燥，於此可見一斑。

户口：該鎮共有住户千餘家，人口約四五千名。其中十分之九為土著，十分之一為冀南或魯北移來者。

村人生活：該村地臨永定河，在昔本為河水隨意漫溢地方，無人居住，自明永樂間，始有吳劉趙三姓冒險來此墾殖，但於收穫亦無絕對把握，迄今五百年，人民大部仍在與河抗戰中過其農業生活，經營商業者不過百之二三，農產以大麥為最著名。

村人經濟：村人百分之八十為自耕農，以每家五口，有田五十畝計之，於永定河不大為患時，足可溫飽，此為該村之中堅份子。其餘百分之十為地主，地過十頃者有吳姓八戶，趙姓十戶，地過三百頃者有趙姓一戶。又其餘百分之十為佃戶。總之階級雖分三層，生活均可溫飽，若在年景豐收時，其欣欣向榮之氣象，更可於薄暮時之夜市中窺其一二。

村人組織：除依例之村公所外，尚有自衛團救火會等，自衛團原有五隊，今所存者只第一第二兩隊，每隊有團丁四十人，有由各家自動參加，每戶一人，不參加者聽，決不強迫。救火會共有二處，一處在鄉公所內，名永安水局，一處在修全堂公所內，名修全水局。秋季大警發生時，有此二水局，農民稼場上之收穫物得到不少保障。

交通：村北永定河，於春秋水位適量時，頗有舟行之便，順水一小時即可達天津西沽，此係水路交通。陸路交通，亘自永定河套堤築成後，緣隄頂東行十里，可與平津汽車路相接，人力車汽車均可由雙口直達津市，不虞梗阻。

建築：村人力薄，當無建築可言，此所指陳者，乃由全國經濟委員會所資建築之節制與永定河套隄也。

1.節制閘：永定河古名無定河，清康熙間修濬後，始錫今名。春夏汛濫，時害居民，且所攜泥沙量過大，致海河被淤，不利航運。海河委員會有鑑及此，因於民國二十一年，請准經委會，於該河與北運河會合處之雙口村東之屈家店附近，費款百餘萬，築一節制閘。閘分二部：一部設於北運河，水清時開放，以增加海河水量；一部設於引河（引水河長十餘里，為引水入放淤區之運河）。汛期開放，將渾濁河水注入放淤區。

之套堤之節制閘築成後，因廣河水不按正規順流，使閘歸於無用，乃自閘口起逆流而上，沿南岸築隄數十里，初築時，尚屬有效，而一二年後，水竟又距閘四十餘里處（上游）掘口，紆行五六十里，注入大清河入海，閘之功用盡廢。海河委員會於民國二十五年春季疏濬永定河後，乃又於南岸舊隄外建底寬三十公尺，高四公尺之套堤二十餘里，阻水南行。從此南岸既不虞漫溢，而北岸出隘險，則河水即使北流入北運河，亦難越閘之範圍也。

村民娛樂〻共有二組織：一為少林會，為鍛鍊身體之集團，一為音樂會，常為人送殯。二者雖均屬娛樂範圍，但多少有聯絡情感之內在成分也。

雙口村的槩況

公立第四小學校 張成中

位置在天津縣西北，永定河西岸，距天津有四十餘里。村民有千餘户人家，大都靠着耕種為生，村中都是些誠樸的人物，終年勤懇工作，過着古樸的生活。村中設有鄉公所、學校、救火會、指理會，而天津縣警察的分駐所現已撤銷。該地五日為一集，集日則商賈葦集，攤貨雜陳，街旁熱鬧，一天平日也有幾家商店，如米麵莊、雜貨鋪、藥房等，因此也叫雙口鎮。

交通：從前赴城下鄉的人們，有的坐小驢車，有的騎自行車，有的步行，都彎曲土道而行。民國二十五年春季，水利委員會為防河水氾濫起見，築了一道大土堤，由屈家店起，至安次縣境止，長約六七十里

這堤築成以後，對於交通太感便利了，行旅的人們大部分都捨去羊腸土道緣堤而行了，汽車人力車在堤上往來不絕的奔馳，因此故鄉已沾染了都市的繁華了，可是一般的講雙口村的一切，還是古樸可愛的村風，雖然似乎陳舊然而青年們却正、邁步前進哩。

氣候、每年春秋兩季，往往狂風大作，把淤沙掀起，遮天蓋日的由天空、降下。呼吸非常乾燥，等到風息了，院中積得土沙有一二寸厚，室內桌上也積薄薄的一層。

物產、以麥為大宗，其次為玉蜀黍麻等。近年來種棉地也不少。

村民的生活，農夫們一到耕種之時，真是朝夕不安，當晨雞正唱第一聲的時候，他們就從床上起來，收拾傢伙往田中去工作，晚上到紅日銜山，才荷鋤歸來，到績蔴的時候，常全夜工作着，他們這樣忙碌，可是生活又那樣的困苦，吃的是粗米淡飯，穿的是老布單衣，住的是破舊茅屋，真是辛苦極了。

風景、夏日太陽下山的時候，村民多往堤上去散步，看那横河的渡舟和往來帆船，與岸邊的楊柳，反映在水渡上面，真是一幅天然的美景啊！

漢滸鎮之信用合作社

天津縣公立第六十四小學郎作仁

我國目下之情况正當國弱民貧農村破産之際一切事業非合作不足以打破此難關是以政府有農業合作事業委員會之組織以領導民衆合作之事業

漢滸鎮之信用合作社在民國二十三年六月

間於華北農業合作事業委員會指導之下於是成立時至今日已有数年之歷史然考其成績毫無究其原因不外以下三點

1全体會員對於合作事業未有深刻之認識

2會内服務人員未能負起責任

3多數之會員私心過盛又祇能享受權利而

哂而不盡義務我國人民知識之缺乏於此可

見一斑矣

沙莊子曾大帥之墳塋

天津北鄉沙莊子村迤西北運河之東岸有一

風景幽勝之墳塋即清代偉人曾大帥之墓焉

全塋地積約有十餘畝周圍築以花牆内多栽

種松楊等樹且有一部栽種花草每當夏令天氣炎熱之時村人多往樹下乘涼以其碧葉參天功能却暑故也

曹大帥名克忠天津北鄉王秦莊人幼年家境貧寒曾作魚販之生涯因所入不足糊口遂棄家從戎後值西域回族侵擾中原曾屢建奇功竟一躍而

升為征西大元帥待亂平回朝因西太后見喜而認
作義子官封陝甘總督之職其功豈不偉哉
我國之今日被異族之侵凌日甚一日土地之
損失日益增多復有曾大帥第二起而討平者乎吾
其拭目以俟之馨香以祝之

南倉的位置户口和生業

李玉傑

南倉、南距北門十五里、北距北倉五里許、東北近村、有平津汽車路、再東有北寧路、西南有北運河、住民四百餘户、農民約居十分之六、拉東小販皆屬之、其餘皆為工商業、

南北倉的沿革、古名、皆鄉老所傳述、未敢據以為實、

至更名年代尚不可考、另待達者指正之、
北倉古名隱兒灣、聞係明成祖北掃時、隨征的趙六太太、隱其子於此、因是得名、後建倉廒於此、故更名北倉、倉廒位於北倉南端、遭於庚子之變、故其建築、業已變成一片瓦礫、現為菓木園、南倉古名富家村、亦因倉廒而更名南倉、

政教與慈善

本村有鄉公所、警所、天津縣私立第四十一育初小學校、掩骨會、保安水會、聚善堂公所。

特產與普通農產

本村北首、有棗樹園、棗味頗甘、異於平常、每年人皆爭購之以爲饋贈品、供不應求、普通農產、以玉米、大豆、紅粮為多。

紀念物等

本村雖小，為每次戰亂軍隊必駐之地。村東柳樹，即馮軍改編的五十九旅，旅長武庭麟聯合私立育初小學校學生栽植者，原栽數百株，現在所存者不過二十餘株，留有紀念攝影，又萬選才部團長韓文英、來駐本村時、首先聯合學生、開軍學聯歡會、以重感情、及其長官萬選才來倉縣驗特、學生結隊歡迎、各得有銅尺墨匣贈品、以為紀念、至今猶存、

本鄉風俗習慣一如天津、惟有數點稍差、今畧舉其一、以為三反、

其風俗、無論誰家有死喪等事、為人子者、必以木盤托紙哭、至土地廟前、焚紙跪拜後、歸家名曰報廟過二日、凡為本族男女、皆衣孝服、男孝數人、手各執柴一束、餘皆徒手、赴廟接靈、及至廟前、化紙跪拜、燃燎接靈起、女孝皆佇守街門、但事先要準備桌子一張、椅子一把、羅子一張、角

子一碗、柴灰一堆、桌子放前面、其上置角以為
供、椅子置桌後、椅下堆柴灰、羅子覆其上、如果
男孝、手執束燎由廟來歸、口中尚喊着爸爸媽
媽取錢來、倘然女孝一見遠來的束燎、亦喊同
樣的口號、及至近前、幫忙人便把羅子一掀、瞎
瞎按一手印、口中尚喊着來了、斯時、桌上角子、

却被兒童們搶去、其哭笑之聲、紛雜入耳、其風俗如此、

北運河現在的情况

北運河由李家咀上邊、與永定河合流、河水渾濁不清、淤沙常滯積、海河有礙航運、因是華北水利委員會、於此置閘以放淤、閉閘時、河水深

不至滕無論大小船隻不能通行放閘時其水

來勢頗猛下游小船常有危險之虞在未置閘

以先也不過能行淺水船

此稿限於時間的關係編纂未能精審敬請

先生修正而錄焉

天津縣北鄉雙街村通訊（天津縣立第二 十二區[illegible]學校）王鳳書

村民生活：誰都知道城市裏的多優裕的、講究的——在衣食住上可說較比鄉下的農民要強百倍，有時还不止如此、如此若有穿着西服革履或是絲綢大衫、鄉下人見了不免要說是官人，他們会惡意的猜

疑，会躲的遠遠的，不然即包围了争看
希罕，鄉下没有樓房，没有電灯，……都
是一间草房或是灰磚房，又狹窄，又骯
髒，窗子小得可憐，室裏的光線黑暗，屋
顶是没有顶棚的，夜晚不过有一盏煤
油灯，在鄉下都是幾个月不曾洗过一

次澡，也没有澡堂设備，他们差不多都在河裏洗，他们每天吃的棒子餑餑，高粱米，鹹芥菜頭、大葱、韭菜、小白菜这些冬夏常青不斷有販賣的，要是营養不足，想吃点滋養品，那是不成的，真会叫你有錢無處花哩！

水陸交通：有由天津到北平的北寧路和汽車路，西近北運河，小船往來通行，他們平常運輸是用腳踏車，載貨，有的居然能載三四百斤重的分量，一樣騎着往來，小販也有用腳踏車的，腳踏車可算他們村裏主要的交通工具了！

農產出品：本地除種日用襍糧外，以產棉為最多，棉田約有三千四百七十畝，他們植棉很有丰富經驗，只是為了土質碱性的關係，不知設法改良，往往育的棉苗，不能自然生長，近来有了河北省棉產改進会来員指導：借貸棉籽、實地治蚜、組織生產運銷合作社、信用借款以及改良灌溉耕種的方法，幫助推銷農產、可見政府救濟農村、促進農村经济復興更大的努力了！

鄉公所和救大会：本地人口約九百餘口，都是種田為業，他们不懂什麽叫自治，叫建设、只有一个鄉公所，地方上有了事情辦什麽事情，遇到火災，救大会伍善齋來救火，伍善是村人臨時自動告奮勇的，沒有费用開銷，每年有一次吃会，这天把他们邀来，無論男女小孩随便参加大吃，意思是将来一旦發生不幸的水火災或盗匪，可以一致努力防禦，看起来，鄉公所好像没有多大関係一樣，其實对於村人的生活佔了相當的地位！

宗教信仰：他们都崇拜佛像，有座関帝庙、廢磨祠

一十五村人虔誠焚香默祷，謂的免災去病求
財向福。每屆三月二十一二日举办皇会，那天
閨女住娘家，接親戚朋友和各村小販都来趕
会，街市上頓形繁荣了，有錢人家把平時所餘
的都在这時消耗，經济不充裕的也得典當，借
貸，拆挪出錢来过会，否則，人家会笑話的。所以

过皇会較比年節还重要，还熱鬧了，

義務教育：有幾處私塾在點綴着，清早起来，趙、錢、孫、李先生、俞、米、園、吳、鄭、王先生、康床……絃誦的聲音，達於户外，兒童們整日價伏着書案嚼木梨，先生不知道指示兒童與社会國家的関係，更不知道復興民族，愛護國家的思想与

信念、整个的兒童活潑的心、会薰陶漸染成為
呆板、敷衍、偷懶的習慣、太不幸了、短期小学在
去年設立的、招收九歲至十二歲兒童入學、除
已就學兒童外、尚有許多失學兒童、因為家境
貧苦、父母無心顧到子女讀書、他們認為上學
與貧苦是無關的、以致距教育普及時期尚遠、

義務教育既繫民族復興，又關地方福利，勢非官民合作，群策群力，不能成功。俾得培養良好的兒童，將來為社会健全份子，替國家服務，加強國家的力量，要圖存、要救亡，必須從義務教育上、下一番真實的功夫！

天津縣王秦莊概況

公四　閻麟符

位置：北運河之西岸，東距天津北門約三十里，西界雙口鎮八里，南界劉家園四里，北界屈家店里許。

戶口：住戶共有三百餘家，人口約千餘名，多為當地土著，外方遷居者甚少。

村民生活：該村沿河為街，故住民多習水性，是以捕魚為業者頗多，除此以外則多為從事田園生活者。

村民組織：除鄉公所，自衛團以外，尚有救火會等組織，所有會員均屬自願者，故遇警火發生時，無不爭先恐後，村民所得保障實非淺鮮。

交通：曩者以水運為便，自屈家店築北運河節制閘後，行船頗受影響，故刻下陸運較水運為發達。

名人軼事：曹克忠字藎臣，世居王秦莊，曾任陝甘提督，故人皆以曹大帥呼之。為人慷慨剛直，有胆量。少孤貧，不識字，無所業，有時不舉火，輒作偷盜之事。因此鄉黨鄙之，戚友棄之，遂以不能見容於鄉里之故而憤然投入行伍隸左宗棠部下以其體高力大遂命其執旗冷以新疆有亂凡大旗指處無往不克因是屢立戰功不數年竟擢升陝甘提督矣任時凡鄉朋往來者無不一一厚待之但不委之職務故人皆稱其明鑑其尤有厚於桑梓者即鳳河堤是也鳳河位於王秦莊之西約七八里每值水漲必為王秦莊

之害，因築堤以防之，南起韓柳墅，北至雙口村，長約十五里，然近年鳳河填淤，而此堤亦等虛設矣。

曹克忠墳地：曹克忠沒後，卜葬於王秦莊北，約約十餘里之沙莊子，墓園廣袤，松柏蔭森，建築宏壯，風景優美。每值炎夏之際，附近村民多視為逭暑之佳境。不意民國二十年間，守墓者忽發現墓已被盜，實則早經被盜，其法由遠地挖掘隧道以達墓下，後因天雨地陷，始為人發覺耳。據多人傳說：彼生前最愛煙壺，搬指等玉器等玩物，死後概作殉葬物品，遂啟匪人之垂涎，以致墳墓挖陷，尸骨暴露，良可慨也。近則樹木斫伐殆盡，建築所存無幾，至今止存土阜瓦礫矣。

軍事重地〻小堤子，位於津縣西北，距韓柳墅八里，距天津約二十五里，東接鳳河堤，西至北運河堤，東西橫亙，長約八里，高五尺，寬四尺。當民國十四年，李景林督直時，派數百人屯守此地，國民軍費多日之時間，犧牲多人，最後借用大刀之力，始克攻破，而進據天津。故是役人皆稱為小堤子之戰，而大刀隊之聞名於社會上，亦由是時始也。

鄉土教材

王家莊人民生活之概況

王家莊短期小學校　趙恩德

王家莊位於津縣之北，南毗新市區之穆莊子，北接北倉，陸路有北寧鐵路，平津汽車路。北運河亦經過其間，因水陸交通便利，故該地風俗與津市相差無幾。

生活及風俗　本地人民生活，男子多事耕種；但亦有少數在津市為商，女子除司家務外，貧者並縫線織口為生，其代價每打四分，平均每人每日可得二三角。本地風俗除與津市略同外，其嗜酒茶之飲量令人咋舌，酒一飲則三四斤，其飲茶之盃，如津市盛飯海碗之大，飲者數十碗亦善賭博，如麻將、紙牌等，無一不備，每聚數人必賭。本地人民勇於私鬥，此種種之惡俗不外地方教育不良之結果也。

宗教及教育 本村有廟宇二，一為觀音廟，一為土地廟，但土地廟現坦毀，觀音廟則因香火之盛，時有善人助資重修，此廟初蓋年代不知，而其廟中所藏之古鐘上鑄，康熙七年鑄製，於是可知年代之久遠矣。宣統年間，有雷牧師者，即今益世報雷鳴遠，在村西設教堂，傳佈天主教，但人民多信仰佛教，故不數月即閉門大吉也。今春更於觀音廟內，起蓋東西房數十間，西房作將來學校，校舍之用，東作戒煙酒公所之用，現已完竣。此款為村民所捐，其數有千元之譜，此種謀公益之精神，亦甚為吾人所欽佩也。

教育在本村可謂極不普及，人口雖約二千左右，而文盲幾乎佔百分之八十，女人可說全不識字，民國二十五年始有縣立五短期小學之創立，民國二十六年又設民眾學校，故村中文盲漸少矣。初設學校時村民多蔑視之，罵教師為洋先生，直眼是也多不敢令兒童入學，雖有之，也為試驗品也，後因少數畢業生見

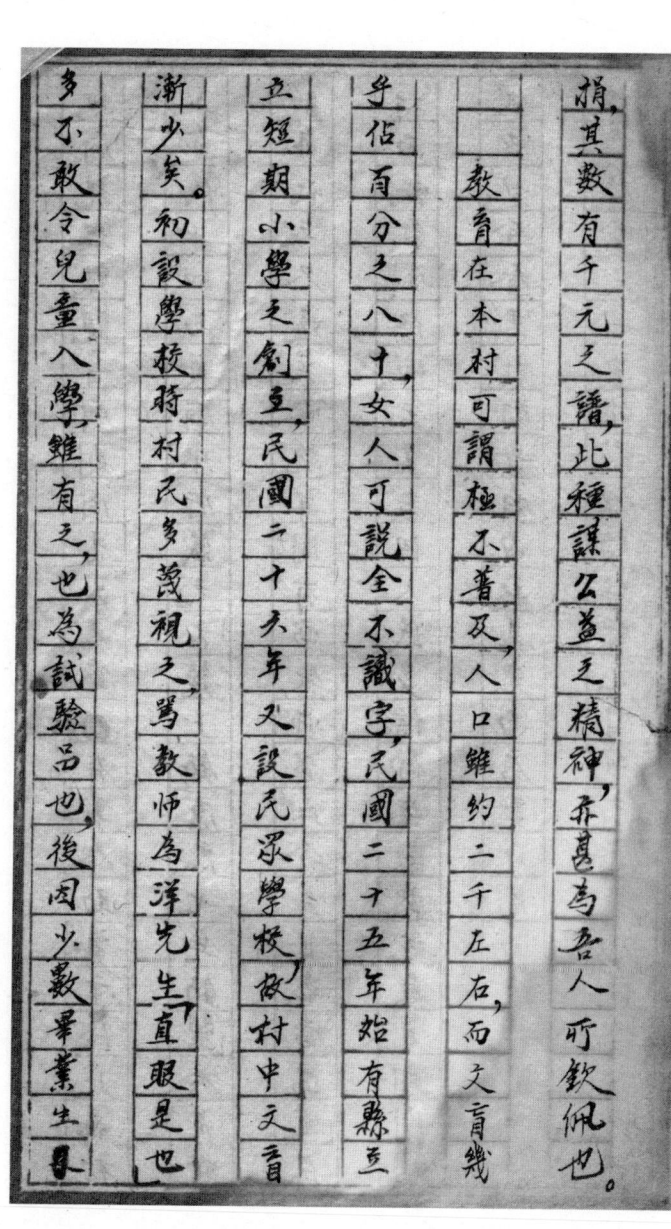

確勝於私塾之五六年學生，而且所學皆有應用，故漸對學校有好感矣！尤以最近民衆學校，課程中有講報談述國家情形，尤加引起贊佩！由此漸趨教育之普及。同時本地惡俗當亦改良為要！

物產及娛樂

本地農產以高粱、豆、麥為大宗，附近北河棉花還「玉昌河之瓜」皆甚著名。

本村每屆舊曆二月十八日「觀音誕日」即舉行廟會，村民全休出動，有小車會、法鼓、高蹺等，他村各種會也來參加，故斯日熱鬧異常，其消耗在數百元以上。此亦為民間之娛樂也。本村高蹺最著名，夙有腿子王之稱，原因普通高蹺所踩腿子最高三尺，而本村腿子則高六尺，此所著名之因。此外民間流行曲為最卑賤之「一更裡」之調，最近則改唱鋤頭歌、漁光曲等歌，此也為學校融化之功也。本地「蹭夜」所用吹鼓手亦甚著名。以上所述不過之大概也。

綫河村的鄉土政治

公立第二十九學校郝希曾

綫河村的地方行政組織係屬自治自衛情形觀於自治的、有鄉公所、組有鄉長副各一人、餘如正警一名、請願警二名、維持全村的治安、在尋常時間、不發生任何問題、但是在青紗帳時、需要上發生許多不敷分配、因而在民國二十二年、組織合法鄉土保衛團、他的組織、設有團長副、教練員、餘如壯丁共二十名、他的槍械及一切辦公需要、均出於個人、雖屬保衛全村、然、其性質、偏重個人自衛的一切、凡在團的人員、純屬資產稍富者、嗣後因經費無着、兼而人心不齊、遂於民國二十五年夏間、將好的組織、自動解散矣、

造林業

線河村公立第二十九小學校學員郝希曾

線河村位置於楊柳青鎮之西北鄉，距離十數里，交通很便，柳林茂盛，面積上可說占全村十分之七，柳林成行，行間並能播種五穀，不減收穫，每當秋末冬初，農餘之時，有剎柳之舉，柳杆大者，作大材，稍細者充作畫杆，再其次作為炭材，在農上方面，不無小補，觀其作工、頗有秩序、手術敏捷、表現一種苦幹精神、觀於婦女之工藝、亦有一種勤勞之精神、其用柳條之細者、編成種種樣樣之柳條器、如柳條包、柳筐、柳籃等器物、銷售於城市、今日的鄉村雖云破產如在工藝方面來補救、更圖農業改良、農村前途確有抱樂觀之期矣、

天津縣韓家墅公立第七十二小學校學員馬元熙

天津縣鄉土教材徵集答案略述

(一)歷史——

韓家墅在天津縣第三區界内、距天津二十里、歷來已久、從清代嘉慶年立村、起初只五戶人家、百餘年來現竟繁至五百七十餘戶、人皆醕厚、素尚節儉、人無詬誶之聲、悉有冲和之度、可與古村媲美矣。

(二)地理——

本地地勢平原、土地肥沃、物產豐富耕種五穀適宜、氣候溫和、惟春季風多乾燥、夏季雨量適宜、全村人口二千餘人之譜、

（三）交通——

本地道路之運輸、東西有千里堤、爲津保永武來往之要路、該堤爲袁世凱督直時所建設、村北有老鳳河一道、每年春汛時、由渾河上游、川過水深數尺、來往行人、常作望洋之嘆、曾於民國十二年、經駐軍畢團長、發起聯合紳商農工、建築太平橋一座、行人迄今得慶便利、

（四）物產——

本地農產、大部分以玉蜀黍、高粱、各種穀豆、大小麥、芝蔴、棉花、紅薯、落花生、等物、其特殊者、惟各種瓜果、味美而甜、非他村之可比耶、

（五）經濟——

本地人民、除為農、為工、為商、以及採樵外、均以豢養六畜為副業、以補充其不足、

（六）勝蹟——

本地村西里許有講武堂、學兵營二所、房屋約計三百餘間、現今宋委員長哲元又建設四百間、較講學二所很簡單、惟講學之建設、簷牙高啄、各抱地勢、大有五步一樓、十步一閣之氣概、房屋之廣敞、室內之清潔、空氣之流通、恰有桃源之狀態、係為光緒二十八年、袁項城為直隸總督時建、歷年以來、為北洋軍官發祥地、操場面積三四百畝、四圍土城、城外護城壕、四角設崗樓、可稱勝蹟之一、

又距村三里許，有火藥庫一處，為清代存炮藥之要地，經庚子二十六年之變所燬。從民國以來，天津縣長在此重建農事第一試驗場，其中奇花異樹，及各種農植物。民二十三年，在植樹節期，天津主席于學忠，曾率軍官及各中大學校學生，植松樹數百棵，每棵上有某校某生之名，以誌紀念，可稱勝蹟之二。

（七）政教——

本村有一新組織系統之鄉公所，為本村各辦事職員，及紳商學農工、研究自治及教育事宜之機關。有小學校一處，該校複設民衆夜班學校，以教本地文盲。

（八）宗教

夲地有老君佛當堂一座、天主堂一所、老君堂每年至舊曆二月十五日、三月三日、四月八日、十月壹日、為佛堂大會、附近各村、善男信女、来往燒香絡繹於途、百年以来、相沿已久、天主教堂、每星期日、主教者、振鈴召集教徒、跪叩聖經、宗教不同之一點也、

（九）風俗

本地凡婚姻、喪葬祭祀、養老、繼承、招贅、等、仍按舊式禮節、與天津市同、而使人最可懷疑者、第一夜、新郎新娘不須說話、相傳如誰先說話、必誰先死、由来已久、不知出

自何經何典可發一笑、

（十）娛樂——本地有音樂會即爲老君堂衆道士所組織、該會頗爲各村所欣賞而歡迎、

濱海新區

海河區對於鄉土教材之片斷供給

私立20朱向明

形勢

本區為平津門户、形勢扼要、東境有大沽炮台、為海防重鎮、惜毀於庚子之役、中部有新城、清設海防同知、為大沽炮台重後防重地、迄今仍有軍事上之價值。

交通

交通方面、水路有河北省内河航運局及儀興公司各小火輪往來、由天津可直達塘沽大沽、每日往返數次、陸路由葛沽至天津、有津沽長途汽車、

古蹟

東沽

海神廟、據傳說是建在明朝永樂年間、後來清乾隆年間修過一次、清高宗乾隆性好賞玩風景、好查民間的生活、於是領了二名宮監、到東沽遨遊、在那時曾雇了一個姓鄭的老叟的舢板、盡量遊海上風光、鄭叟本是一個隱士、言談甚是不凡、於是乾隆和他談得很是投機、後來鄭叟被海風吹得冷了、於是乾隆給他一件衣服、乾隆回京後、御賜鄭叟海濱逸叟四字匾額、鄭叟才知與當今皇帝相遇、後來鄉人把廟改成了行宮、又奉旨修了一回、現在東沽有一俗語、所謂「龍袍鄭」者、即是鄭叟後人也、

西泥沽大站鎮之間蜃嶺

此蜃嶺處於西泥沽大站鎮之間、高五六尺、寬四里長

十里餘嶺上奇花異草甚多、上有小井、水甚甘美、並出産落花生、鄉人甚珍之、遊人皆羨此嶺之景、多往遊焉、嶺下層層皆蛤貝、掘之莫能窮其深也、

鄉賢人物

東泥沽周仁麒係清乾隆翰林、編修國史、為當時考據家著述甚多、其行於世者、以孟子讀法為最著、其

内容甚有價值，迄今研究尚蒐羅以為參考之資云。

致如王郅隆者，更為我國近代實業界之鉅子，伊係苑家莊有商民，王郅隆字祝三，志高廣，提倡紗業工廠，並提倡河棉業生產，在天津招股創辦裕元紗廠，引導河兩岸居民，擴充棉業生產，將海河一片荒野變為沃野，今日一方居民多受其賜也，不幸在日本

遭地震之災，死於日本，此亦華北失一大實業家，倘其

人不死，不知又創多少工廠也，惜哉。

柴家莊及鄰近之民生活除農民外有漁民，魚產甚

豐，除供本地食用，餘皆四外銷售，捕魚之法大別有二：

一、拉網，網長數十丈，一端用一人在岸上拉之，而

行。一端放在小船上、三四人駕小船逆流而上。魚順水流行、逆流張網、即所以要魚之路。每網可獲數斤、在初夏。刀魚肥美、產額亦多、為漁人旺月。過此則每次投網所獲不過數條而已、漁人一日所獲不及初夏一網所獲之多、河中產魚、冬鯉魚、銀紫蟹等、雖產額不多、而價值頗貴、除此之外、若刀魚、鮎魚、梭魚、則出產多價值亦廉、漁人不過徒增加勞力耳、春季有一種面魚形如銀魚而略小、無鱗骨色白皎潔、鮮嫩可口、居民和以鷄卵製成卵餅、俗名曰面魚托、居民咸嗜食之、若以面魚炒韭菜、則更鄉土佳有、惟居民墨守陳法、捕魚之術不求改進、以致終古如斯、是尚望提倡生產教育者、促其改進也、

二、搬罾此法在捕魚術中最為拙笨。而居民優為之，法係用四根竹竿，四端各繫網之四邊。中間交叉互豎一張形竹篾。再用大竹竿繫繩其上，沒入水中。通常設罾在小溪之入海口處，以待魚蝦之來臨。每人每日亦可捕獲十数斤，以維持其生活。

漁業在此數村，不過副業，但與居民有莫大之

助益亦生產事業之應當提倡者

河北省天津縣東大沽村鄉土教材概要

天津縣公立六十九小學校　曹振華

河北省天津縣東大沽村鄉土概要

一、畧史

本村在明初以前、實為海濱、荒灘一片、絶少居民、明成祖建都北京、始漸漸聚為村落、民居大部由山東移來、

二、形勢

本村居沽河入海之口、為平津門戶、明清兩朝、均視為國防要地、華北對外交通、亦

以此為出入之孔道、自明初國家設防於此、至清咸豐年間、與英法宣戰、在此地建築砲台、設防營駐守、直至光緒庚子年拳匪之變、八國聯軍攻破大沽口、翊年訂天津辛丑條約、毀大沽砲台、從此華北門户大開、不能恃為國防要塞矣、近將砲台遺

跡拆除、由天津市政府改立渤海公園、

三、名蹟

本村歷史年代短淺、無遠年古蹟、建築物最老者、不過三百年、以海神廟為最壯麗、廟為清朝皇家建築、佔地約百餘畝、高宗曾遊於此、題詩立石以去、今碑尚在、該廟在光緒初年、即改為北洋海軍駐地、附設

修船廠、規模畧等於上海之高昌廟、今海軍南遷、修船廠早經改為大沽造船所兼設槍砲廠、

四、物產

本村位於渤海之濱、最初居民鮮少、專恃魚鹽為生、後因交通便利、生齒日繁、魚鹽產量日少、不足恃以為生、多改營工商及

航海等業、魚之種類、約分季產、非季產兩種、季產者、每年某時季、必產多量之魚類是也、如清明節前後、產麪魚（形如麪條故名）、立夏節前後、產海蠏、大蝦、夏至節前、產黃花魚、（石首魚）及快魚、三伏中、比目魚最肥、入秋後、梭魚最肥、往年冬令、河水凍結、漁民就河冰上、鑿溝下網、捕得銀魚、紫蟹、清香適口、為本地著名產物、非季產種類繁雜、產量多少不定、遠遜於季產、晒鹽方法、通溝作池、架設風車、春日戽入海水、藉日光蒸晒、數十日而鹽成、晒鹽之所謂之鹽灘、近因產量過剩、賠累不堪、鹽灘停晒、而

潢池荒廢矣、

五、風俗

本地風俗、向稱古樸、尊重道義、輕視流俗、士夫以氣節自守、常人以勤儉相尚、絶少汚賤敗劣之行、

六、實業

本地居近海濱、舍魚鹽外、即為航海業、先年居民、以帆船販運米麥、往來上海、南京、

烟台、營口各地、近時輪船發達、帆船不能與之抗衡、逐漸消滅、民國初年商民集資創立北方航業公司、及直東輪船公司、以輪船營運輸業、因營業不振、北方公司停辦、而直東公司尚存、外人在本地之營業、有英商大沽駁船公司、英商太古輪船公

司等、雇用之員工、多本地人、

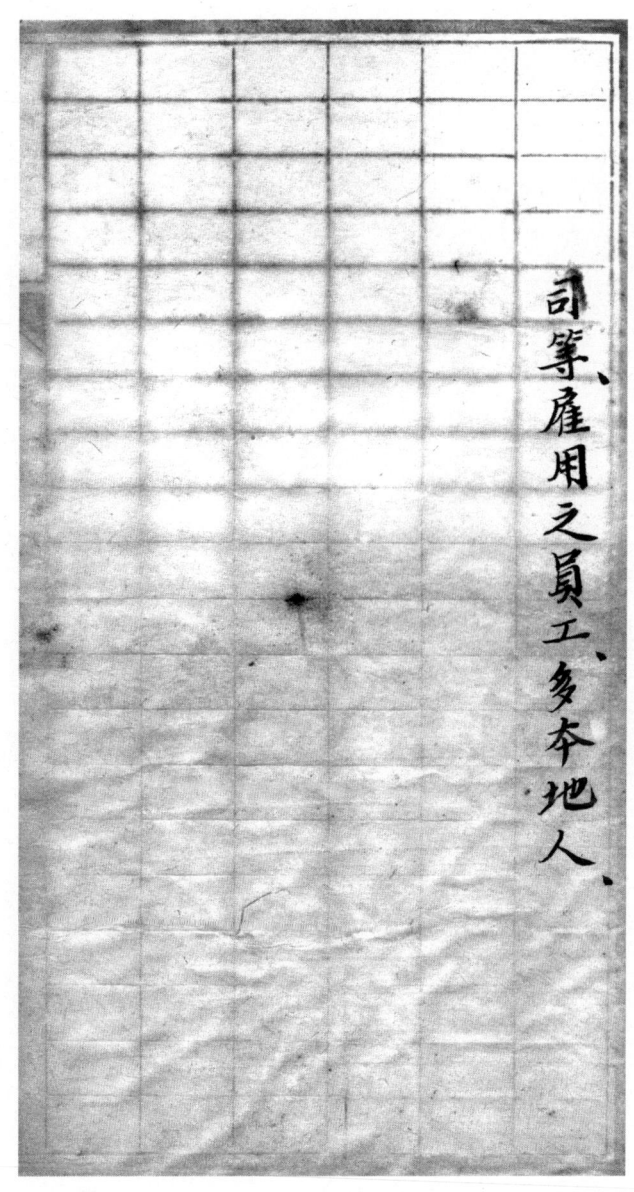

天津縣立第五小趙北莊短期小學校教員郝靜三

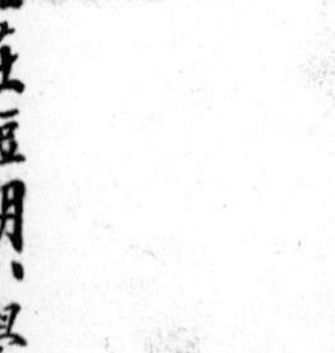

海河區居民吃的鹽

在一般人都以為海河區附近海濱吃的一定是官鹽(大鹽)殊不知却大不然蓋海河區各村用概括來說可以是十分之十都吃硝鹽(小鹽)這種原故不外官鹽價昂硝鹽平均比官鹽價賤四分之三且又係多數人一種生產收入所以官府無論如何制止是

不發生效力的

製硝鹽法很簡便去野外取有鹽性的土來用水融化設法濾出後置雞卵其中見卵半沈半浮時就是水中鹽性適當時將水用火熬至相當時便有小粒如雪之鹽發現不過這種鹽稍含硝性但是去看一般村民正賴以為生亦未見有何種災害發生

海河區種稻的經過

海河區種稻為大種生產在從前所種為長芒種或紅芒種即金鋼稻災害時生收獲甚微平均每畝約收一石餘差不多不敷費用那時地户是非常難過常有拋地遠遁者自十餘年前海河高莊李某發明用日本種名葫蘆頭者種植既不生災害而產量又

增平均每畝可收三石左右在此米價昂貴的時候一般地户無不歡欣鼓舞以慶收獲優良看來換種種稻便有如此效果若將各種農產種子依法改換再改善其種植方法則不但農人獲利吾人又何不間接受益

河東區

鄉土政教

公七十八小學校王維深

東鄉程林莊，莊村寬廣，戶口繁多，實為鄰近十數村中之較大村莊，形式計分兩台，中間距離數十步，故有南北程林莊之分；據以地方上之行政言之，北程林莊有一天津縣警察第一分局，所有兩村警察之行政及公安衛生等權均屬焉，至地方行政之組織，兩村均有村長副各一人，以辦理各該村籌款建設調解等事，兩村合為一鄉，有聯鄉長一人，以輔分局辦理清鄉勦匪禁毒自治自衛等事；此即吾鄉行政組織統系，及自治自衛之組織也。至于教育情形，北程林莊有兩學校，一為公立七十八初級小學校，一為私立章氏初級小學校，南程林莊有一公立第九十初級小學校，只因近年來農村破產，學款難籌，亦不過勉為支持，即校室校具以及一切之運動器械，教學用具等項，更難談到完備；此即吾鄉之教育情形也。

鄉土經濟

公七十八小學校王維深

吾鄉位於縣城正東向，距縣二十餘里，地質磽瘠，風俗陋塞，對于農工商業，悉沿舊習，以致經濟困難，達于極點。幸近年來，困極思起，經濟鄉中之智識稍高者，糾合同志，改良鄉農村，首先成立一程林莊信用合作社，藉資輔助，以便改良地質，且吾鄉地質，城性極大，欲行改良，應先提倡水利，先將不毛之堿地，用水漉去堿性，種棉植稻，成績頗佳，是以近數年來，不但荒地減少，即棉稻之種植，幾遍及全鄉，而獲利自屬豐裕矣！此即吾鄉農業改進之一斑也。對于工業一項，自近年來，鄉中知識較高者，鑑于棉業之發達，遂組織規模較大之軋花工廠，其中軋機數十架，工人數十名，自買自軋，以便運銷各地，不但可以發展當地棉業之銷路，亦可藉免奸商之剝削，因此此棉業益行發達，大有一日千里之勢；此即吾鄉工業之進展也。至商業情形，亦較前大有進步；如米面商，不但對于營業盡力擴展，亦漸知自磨自碾，免去向外購買之剝削，即對于衛生方面，亦無不力求清潔，對于前者之壟斷惡習，亦知自惕，即或布、油、食品、飲料等商均皆講求衛生，力謀價廉，較之以往，不啻霄壤之隔矣；以上所述，此即吾鄉經濟之概況也。

河西區

天津縣立第二黃家莊短期小學　傅湧明

村名｜黃家莊

位置｜海河揮德鎮俗名灰堆屬北五村.

本村地方狹小居民不過百餘戶地當五村之中心.

苦無相當之資料可寫僅攀其有關鄉土性之特殊的事務的原則內略寫一二.

物產｜本村位於海河南岸，取水較易，故灌溉便利，附近村莊，皆為菜園，多種植各種蔬菜，每屆冬令，所產白菜，消行津滬港各地，青韮菜亦為大宗產品，其葉黃色或青色，雖當隆冬之際，農民於韮園內，舖蓋稻簾於園內菜苗之上，藉以避寒，用種種方法培植，俾生長，每屆年終春節，小販爭先購買，消行津市，味美價昂，亦為本村出產大宗。

自衛組織　一較小村莊，向無多數軍警駐防，匪患時常發生。村人自動的有一種組織，由本村公選村中壯丁，武裝佈崗。每當盛夏青紗帳起之際，至晚間，於村中衝要路口，值崗輪流守衛，維護地方，亦自治之一種表現也。

庙會—每年四月十八日至三十日為庙會之期。至時村中婦孺，皆身著新衣，扶老携幼，手持黄布旗幟，上書某某村莊進香求順等字樣。惟村中男性兒童手執銅鑼，隨車而行，隨走隨擊，即所謂會頭，此則為小會頭！最趣鄰近鄉落村進香，紅男綠女，絡繹於途，極一時之盛，十足表現中國内地，亦民眾思想之落伍也。

天津縣屬灰堆村之概述

公二十五　李承紳

交通

本村距天津縣城東南二十里、水路有海河各公司小火輪之航線、由天津直達塘沽每日往來數次、往來商賈甚便。陸路則有海大道公路、津沽福興長途汽車行駛其上、其他交通工具如洋車、馬車、大車、自行車、亦往來如織。各業商賈小販返往城鄉甚為便利焉。

人口

村內住戶總數達九百五十餘戶、男女一萬多口、務農者占全數百分之六十五、工藝者占百分

之十五、經商者占百分之十、小販亦占百分之
十、

農產

本村在海河流域、農民多開溝瀆、以引河水
灌溉園田。近於溝瀆者、多種菜蔬瓜菓之類、稍
遠者種植雜粮。本地距離津市甚近、又有水陸

交通之便、農產物均運往津市銷售。其中以白菜為特產品、有大量的產額。其菜之特點甚多、用處亦甚廣、可稱菜類之首云、行銷上海漢口香港大連等處。

水產

本地所產之藕可得稱津市之冠。藕池在村北、廣五百六十餘畝、每年產藕四五萬斤、分菓藕菜藕兩種。夏日採其芽為菓藕、秋冬採其根為菜藕。民國十三年海河工程局另開河線距村北二里許、取河線之直、此藕池即舊河基之淤灘也。、灘之泥水為海河淵水所沉淤、土甘而且肥沃、故所植之藕白潔如玉、食之嫩而甘脆、為他處所不及。且藕塘又為境内之風景之一、夏日荷花盛開之時、村中農人於日落工畢飯後之時、多聚於蓮池之上、以為乘凉之地。池内之風景甚佳、上有菡萏映紅、下有清水瀠洄、遠而望之各色分明、甚為悦目。微風吹來清香撲鼻、真令人留連不置也。

林木

村莊以北海河以南、中間有森林一處、東西延長四五里、南北寬里許、乃海河工程局所栽植以備修理沿河水壩之用者。每年暑期津市外僑人士、每於星期日多乘小舟來此林間遊。林旁有海河之支溝、可以游泳。其中遊人疲乏之時可以步入林中深處、凉氣襲人、殊適於遊憩也。林中多產蟬、盛夏之日鳴聲不絕、遠近皆聞。村中兒童呼兄喚弟三五成群、多用細長小竹竿、稍頭黏以膠質、來至林中捉而玩之。

糧集

村中有糧集一處、每逢舊曆每月二五日開集

一次、津東南鄉三十餘村所收穫之雜粮、均來此地集散、如紅粮、玉黍、大小麥、綠豆、黑豆、故有津市各粮店米莊沿河各村鄉民亦皆來此趕集買粮。可謂粮商交易之所也、

行政

有警察區所設立之、警察官兵十五人、維特

地方治安、晝夜輪流值崗、本村治安頗好

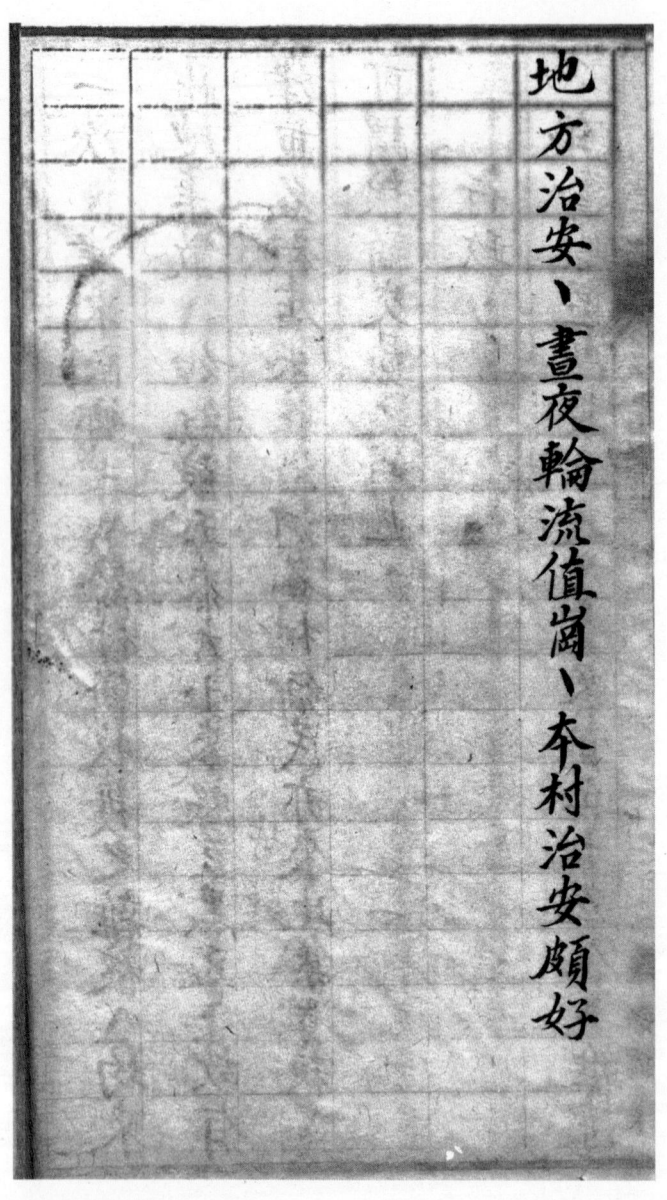

後記

鄉土教材承載着豐厚的地方文化、地方性知識，是鄉土文化保存的重要載體，爲後人留下了許多詳實的鄉土史料和數據。鄉土教材對於一個人桑梓情愫的培養具有重要的意義，我們大多數人的桑梓情愫，都是緣于鄉土文化的浸潤和培植，人們常常夢縈故里，深深愛着自己的故鄉，對有關自己家鄉的人和事懷有深厚的興趣，鄉土教材對於培養熱愛家鄉、熱愛民族、熱愛國家的意識，也具有重要意義。

在《天津縣鄉土志輯略》編選過程中，得到各個方面的幫助，天津社會科學院領導給予大力支持與鼓勵，天津社會科學院圖書館同事在資料的掃描與整理等方面提供了大量幫助，天津市問津書院和天津古籍出版社爲本書的出版做了辛勤努力，特别是王振良先生和唐艦女士，從選題到資料的取捨都給予了具體的指導和幫助，在此一併表示衷心的感謝。

郭登浩　二〇一六年十月

《問津文庫》已出書目（總計四十四種另二種）

◎天津記憶

楮墨留芳：天津文化名人檔案　周利成著　三〇圓

布衣大師：允文允武的藝術名家閻道生　閻伯群著　三〇圓

口述津沽：民間語境下的堤頭與鈴鐺閣　張建著　二八圓

大地史書：地質史上的天津　侯福志著　二九圓

丹青碎影：嚴智開與天津市立美術館　齊珏編著　二八圓

立憲領袖：孫洪伊其人其事　葛培林著　三〇圓

津門開歲：徐天瑞日記解讀　王勇則著　五八圓

水産教育家張元第　張紹祖編著　三六圓

八年夢魘：抗戰時期天津人的生活　郭文杰著　二八圓

沽文化詮真　尹樹鵬著　四八圓

圈外談藝録　姜維群著　三八圓

記憶的碎片：津沽文化研究的雜述與瑣思　王振良著　三八圓

◎通俗文學研究集刊

望雲談屑　張元卿著　三九圓

還珠樓主前傳　倪斯霆著　三八圓
品報學叢·第一輯　張元卿、顧臻編　三八圓
云雲編：劉雲若研究論叢　張元卿編　三八圓
品報學叢·第二輯　張元卿、顧臻編　三三圓
劉雲若評傳　張元卿著　三三圓

◎三津譚往

三津譚往·二〇一三　王振良主編　三九圓
三津譚往·二〇一四　萬魯建編　三九圓

◎九河尋真

九河尋真·二〇一三　王振良主編　五九圓
九河尋真·二〇一四　萬魯建編　五九圓

◎津沽文化研究集刊

《雷雨》八十年　耿發起等編　五五圓

陳誦洛年譜　張元卿著　四八圓

碧血英魂：天津市忠烈祠抗日烈士研究　王勇則著　九八圓

都市鏡像：近代日本文學的天津書寫　李煒著　三八圓

◎津沽名家詩文叢刊

王南村集　王煐原著／宋健整理　六八圓

嚴範孫先生古近體詩存稿　嚴修原著／楊傳慶整理　四八圓

星橋詩存　蘇之鑾原著／曲振明整理　五八圓

退思齋詩文存　陳寶泉原著／鄭偉整理　八八圓

待起樓詩稿　劉雲若原著／張元卿輯注　四二圓

◎津沽筆記史料叢刊

嚴修日記（一八七六—一八九四）　嚴修原著／陳鑫整理　一三八圓

桑梓紀聞　馬鴻翱原著／侯福志整理　四二圓
天津縣鄉土志輯略　郭登浩編　九八圓

◎**隨藝生活**

方寸蕓香：藏書票裏的書故事　李雲飛編　九八圓
問津書韻：第十三屆全國讀書年會文集　杜魚編　七八圓